俞运宏◎著

新闻传播
对西部文化产业的协同创新作用研究

Research on the synergistic innovation effect of news communication on western cultural industry

企业管理出版社
ENTERPRISE MANAGEMENT PUBLISHING HOUSE

图书在版编目（CIP）数据

新闻传播对西部文化产业的协同创新作用研究 / 俞运宏著. —北京：企业管理出版社，2023.10

ISBN 978-7-5164-2954-9

Ⅰ.①新… Ⅱ.①俞… Ⅲ.①新闻工作—作用—文化产业—产业发展—研究—中国 Ⅳ.①G124

中国版本图书馆CIP数据核字（2023）第186381号

书　　名：	新闻传播对西部文化产业的协同创新作用研究
书　　号：	ISBN 978-7-5164-2954-9
作　　者：	俞运宏
责任编辑：	张　羿
出版发行：	企业管理出版社
经　　销：	新华书店
地　　址：	北京市海淀区紫竹院南路17号　　邮　编：100048
网　　址：	http://www.emph.cn　　电子信箱：504881396@qq.com
电　　话：	编辑部（010）68456991　　发行部（010）68701816
印　　刷：	北京亿友创新科技发展有限公司
版　　次：	2023年10月第1版
印　　次：	2023年10月第1次印刷
开　　本：	710mm×1000mm　1/16
印　　张：	13.75
字　　数：	135千字
定　　价：	68.00元

版权所有　翻印必究·印装错误　负责调换

目录
CONTENTS

001 | 第一章 绪 论

第一节 研究的缘起 / 003

第二节 西部文化产业发展的重要意义 / 006

第三节 研究的思路 / 007

011 | 第二章 学理辨析

第一节 研究概念的界定 / 013

第二节 相关概念的界定 / 014

一、文化产业 / 014

二、协同创新 / 016

三、协同创新传播 / 021

第三节 文献综述 / 026

一、协同创新研究 / 026

二、发展传播学研究 / 028

三、整合营销传播研究 / 035

043 | 第三章　知识协同视角下的新闻传播界作用分析

第一节　新闻传播学界的作用分析 / 046

一、社会化阶段 / 048

二、外部化阶段 / 051

三、联合化阶段 / 052

四、内部化阶段 / 053

第二节　新闻传播教育界的协同创新传播作用分析 / 055

一、西部高校新闻学子的知识转换活动分析 / 056

二、他山之石——"产-学-研-用"典型个案的分析与思考 / 064

三、总结思考 / 069

073 | 第四章　新闻传播业界的核心层——传统主流媒体和新媒体协同创新传播作用

第一节　传统主流媒体的协同创新传播作用 / 076

一、研究方法 / 077

二、研究步骤 / 079

三、中央级纸媒协同创新传播作用分析——以《人民日报》《光明日报》《中国文化报》为例 / 082

四、归纳总结 / 096

五、结论 / 099

第二节　新媒体的协同创新传播作用 / 101

一、门户网站 / 102

二、微博话题分析 / 119

三、微信公众号 / 121

四、小结 / 125

127 | 第五章　新闻传播业界的关联层——副刊和影视（影像）协同创新传播作用

第一节　副刊的协同创新传播作用 / 129
一、副刊的作用 / 129
二、文本分析 / 132
三、八篇副刊报道的共性与个性 / 141
四、延伸思考 / 142

第二节　影视剧的协同创新传播作用 / 146
一、符号学视角分析 / 147
二、主题框架分析 / 151

155 | 第六章　新闻传播业界的外围层——其他文化传播实体协同创新传播作用

第一节　学理分析 / 157
第二节　该走廊区域特色民族文化餐饮的品牌传播 / 161
一、彝族餐饮品牌代表——阿斯牛牛 / 162
二、藏餐典型个案——思金拉措·庄园藏餐 / 165

第三节　该走廊区域内的羌绣与藏绣企业 / 171
一、羌绣企业 / 171
二、藏绣企业 / 177

第四节　该走廊区域内的藏药传播 / 180
第五节　本章小结 / 182

185 | 第七章　新闻传播"三界"协同创新传播作用思考

第一节　概述 / 187

第二节　协同创新的成功案例 / 190

　　一、案例一："网红县长"如何助力安化黑茶产业化 / 192

　　二、案例二：公司与高校新闻专业的产学研合作 / 195

第三节　本章小结 / 196

199 | 第八章　问题与展望

　　一、未来展望 / 201

　　二、西部文化产业发展存在的某些问题 / 203

　　三、本研究面临的困难与不足 / 204

207 | 参考文献

第一章

绪 论

Research on the synergistic innovation effect of news communication on western cultural industry

第一节 研究的缘起

本书的研究缘起于2014年3月5日文化部、财政部联合印发的《藏羌彝文化产业走廊总体规划》（以下简称规划），这是我国第一个国家层面的区域文化产业发展专项规划，涉及川、黔、滇、藏、陕、甘、青七个省份，核心区域内居住的少数民族人口超过760万，覆盖面积超过68万平方千米。该规划期限为2014—2020年，其中的重要内容就是要在2017—2020年间让文化产业在这一走廊区域内普遍成为区域经济的支柱性产业。

随着规划出台，从各种角度、各种路径、各个学科层面出发思考如何促进西部文化产业走廊发展的研究日渐增多，那么，新闻传播界对该走廊的发展到底能起到哪些重要作用？笔者和课题团队得以立项的国家社会科学基金项目《新闻传播对藏羌彝文化产业走廊的协同创新作用研究》就是在这样的研究背景下形成的一系列思考与探索。

由于这个课题牵涉面众多，所以研究时间跨越了党的十八大、十九大两个阶段，而等到课题终于得以顺利结项打算出版的时候，已经是党的二十大召开之后了。

笔者当初的课题研究出发点是如何通过特色文化产业去推动西部地区的脱贫攻坚与发展：西部许多地区都处在南北丝绸之路的重要节点上，其发展能顺利对接"一带一路"建设，西部文化产业的大力发展正是为了给西部欠发达地区脱贫攻坚找到新出路，而西部文化产业的可持续发展势必会为铸牢这个区域内的中华民族共同体意识做好铺垫。①

当2020年年底全国脱贫攻坚战役取得决定性胜利后，脱贫攻坚与乡村振兴的无缝衔接时代随即来临，西部特色文化产业的发展更是为乡村振兴赋予了新的内涵，笔者随之继续对特色文化产业如何助力西部地区的乡村振兴进行研究。而当党的二十大报告擘画了全面建设社会主义现代化国家、全面推进中华民族伟大复兴的宏伟蓝图后，笔者得以进一步思考西部文化产业的发展对于当地进行社会主义现代化建设的深远意义。

党的二十大报告描绘了中国全面建设社会主义现代化国家的蓝图：必须坚持农业农村优先发展，扎实推动乡村产业、人才、文化、生态、组织振兴，首先要通过发展乡村特色产业来拓宽农

---

①2012年，党中央提出为期八年的脱贫攻坚计划，提出"发展路上一个都不能少"，西部民族地区的经济发展成为全国脱贫攻坚的重点工程；2013年，习近平总书记提出了"一带一路"倡议；2014年召开的中央民族工作会议上，习近平总书记提出"坚持打牢中华民族共同体的思想基础"，并将其作为中国特色解决民族问题正确道路的核心内涵予以强调。

民增收致富渠道，在逐渐实现共同富裕的过程中再逐步推进乡村的全面振兴。

《中共中央 国务院关于做好2022年全面推进乡村振兴重点工作的意见》首次提出"启动实施文化产业赋能乡村振兴计划"——以文化产业赋能乡村经济社会发展；而《中共中央 国务院关于做好2023年全面推进乡村振兴重点工作的意见》继续提出"实施文化产业赋能乡村振兴计划"。

从世界各国的发展经验来看，文化产业历来是低能耗高附加值的绿色环保产业，能够通过文化创意来增加许多就业岗位、拓宽人们增收致富的渠道。文化产业包容性强，能够与地方的第一、第二、第三产业有机融合，形成当地的特色文化产业，各地都可以借此形成自己的文化名片。

文化产业历来被世界各国誉为"朝阳产业"、低能耗而高附加值的"绿色产业"，文化产业的快速优质发展对于当前的中国来说是一件需要普遍推进的工作，而西部特色文化产业的发展是全国文化产业大发展一盘棋中的重要组成部分。在广大且整体欠发达的中国西部区域内大力推进文化产业对于补上该地区经济社会发展的"短板"有着重要意义，对中国西部地区与东中部地区到2035年能基本同步实现社会主义现代化更是有着积极促进作用。

时光荏苒，笔者的研究思路也在不断扩充，不再局限于仅仅探寻新闻传播对西部文化产业走廊的协同创新作用，而是拓展为新闻传播对整个西部地区文化产业乃至全国文化产业协同创新作用的探析。

第二节 西部文化产业发展的重要意义

发展西部文化产业有哪些重要意义？

首先，该区域的生态环境脆弱、经济社会发展相对滞后、深度贫困地区居多，通过大力开掘富集的自然资源和多元的文化资源去发展特色文化产业，可以达到区域整体脱贫的效果，也能让这个区域在绿色、协调、共享的时代大背景下实现当地经济与社会的绿色包容式发展。

其次，由于文化产业有着很强的包容性与延展性，可以通过发掘本土特色的文化资源与独特的自然资源来促进文旅融合式产业的发展，从而吸收青壮年劳动力、大中专院校毕业生就地就业或回乡创业，以有效解决"空心村"、留守儿童与老人的问题，进而促进乡村振兴，同时也缓解了大中城市的承载压力。

最后，西部地区地域辽阔，少数民族众多。在现代化的浪潮冲击下，少数民族原生态文化的保留与传承面临困境，西部文化产业的发展可以在一定程度上破解这一困境,让这些原生态文化在挖掘、开发、利用中延续生命力,同时又使其在中华民族文化的多元一体中得以交融传承,在交融中实现"你中有我,我中有你",在文化传承里逐渐去糟粕而存精华,最终凝聚起中华民族的共同体意识——走中华民族自己的现代化道路。

总而言之,在西部地区大力发展文化产业是以改善民生为出发点,要努力推动该区域内的文化资源向文化创意产品转变、向特色文化产业转变,以特色文化产业的发展来实现文化富民、文化与生态旅游融合发展的目的,力求在今后的短短十多年间让文化产业成为西部区域经济发展的支柱性产业,从而推动欠发达的西部地区早日赶上全国社会主义现代化的整体步伐。

第三节 研究的思路

本书的研究主旨在于探寻新闻传播界作为重要的社会力量对西部文化产业发展所起的协同创新作用。

协同创新的本质是各个创新要素的整合以及创新资源在系统内的无障碍流动。新闻传播学界、教育界和实业界作为重要的创新主体，该如何协同西部地区各级政府、行业企业以及其他中介机构一起推动当地文化产业的发展，该如何突破学科、系统、行业、地区的壁垒，该如何打破各个地区和部门的条块限制，从而促进西部文化资源共享和创新要素集聚，进而逐步探索出适应西部各省市文化产业不同需求的创新模式，为当地文化产业的发展营造有利于创新的环境和氛围，这是本书要着力探寻的命题方向。

协同创新是以知识协同为主要途径，以知识增值为核心目标，以企业、高校、科研院所、政府职能部门为创新主体的知识价值创造过程。

知识协同，即"知识在各个合作组织间转移、吸收、消化、共享、集成、利用以及再创造，本质上是企业、大学和科研机构所各自拥有的隐性知识与显性知识的相互转换和提升过程"。[1]

从知识协同的角度而言，新闻传播界对西部文化产业发展所起的协同创新作用，实质上就是新闻传播界在西部文化产业发展中所起到的知识协同作用，意即新闻传播"三界"（业界、学界、教育界）在推动西部文化产业发展的过程中是如何让各个子系统所拥有的隐性知识与显性知识实现相互转换与价值提升的。

从传播的角度而言，新闻传播"三界"所进行的知识协同过程实际上就是一个协同创新传播的过程，因为新闻传播"三界"推动西部文化产业发展的过程就是一个将系统中各个子系统所拥有的隐性知识与显性知识实现相互转换与价值提升的过程，而这

---

[1] 陈劲. 协同创新 [M]. 杭州：浙江大学出版社，2012.

些隐性知识与显性知识在这个协同创新系统内部是自由流动与扩散的，在传播中才实现了相互转换与知识增值的目的。

因此，本书可以说是在研究新闻传播"三界"对西部文化产业的协同创新传播作用——研究新闻传播"三界"在推动西部文化产业发展的过程中是如何让系统内各个创新主体所拥有的隐性知识与显性知识在传播中实现相互转换与价值提升，从而产生社会效益与经济效益。

本书在研究新闻传播学界和新闻传播教育界对西部文化产业的协同创新传播作用时，着重从知识协同的视角入手进行分析；而在研究新闻传播业界对西部文化产业的协同创新传播作用时，因为新闻传播业界牵涉面较多，所以着重从新闻传播业界的核心层、关联层、外围层的协同传播效应入手进行分析。

第二章

学理辨析

Research on the synergistic innovation effect of news communication on western cultural industry

第一节 研究概念的界定

本书所研究的主体是新闻传播界，具体可以将其细分为新闻传播业界、学界、教育界三方面。新闻传播业界又分为核心层（第一方阵）、关联层（第二方阵）与外围层（第三方阵）；新闻传播学界主要指从事新闻传播理论研究的群体与单位（各类型高校的新闻传播院系、各级别的新闻传播研究所以及其中的研究者）；新闻传播教育界主要指担负新闻传播人才教育与培养任务的各类型高校新闻传播院系及其师资队伍，从本科生、硕博研究生培养的完整性考虑，本书主要聚焦于高校的新闻传播院系及其教师群体。

本书所研究的客体是西部文化产业，具体而言就是研究西部地区如何通过特色文化产业的发展（通过实现地方特色文化资源向文化产业的转化）来实现人民群众脱贫致富奔小康（继而向现代化进发）的过程。在这个过程中，发展不仅是指当地群众经济条件的改善，而且是他们的精神面貌、思想观念都发生了积极可喜的转变，受教育程度也有所提升（包括青少年的正规学校教育、职业教育以及当地成年人的职业技能培训与媒介素养等），从而更能适应新时代不断变化的社会生活。

本书的研究目标是新闻传播对西部文化产业的协同创新作用——新闻传播界的协同创新传播作用，具体可以分为新闻传播业界、学界、教育界三方面的协同创新传播作用。

如果说"没有传播就没有可持续发展"[①]，那么也可以说，在当代中国新一轮西部大开发语境下，没有（新闻传播"三界"）协同创新传播就没有西部文化产业的可持续发展。

第二节　相关概念的界定

若要开展本书的研究，还需要清楚以下几个概念：文化产业、协同创新与协同创新传播。

一、文化产业

文化产业一词来源于法兰克福学派对"文化工业"的批判，

---

① 瑟韦斯，等.发展传播学[M].张凌，译.武汉：武汉大学出版社，2014.

它是在工业化和后工业化时代科技持续发展条件下的一种现代文化现象和经济现象，是一种以文化符号生产和文化意义生产、消费、流通等为内容的经济文化生产关系的描述。

文化产业在世界各国有不同的称呼，日本和欧盟称其为内容产业，澳大利亚和英国称其为文化创意产业，美国称其为版权产业。联合国教科文组织认为：文化产业是按照工业标准，生产、再生产、储存以及分配文化产品和服务的一系列活动。它强调文化产品生产和服务的系列化、标准化、精细化和大众化，其产业范围主要包括书籍报刊、电子出版物、视听制品及其相关服务等。

2003年9月文化部制定下发的《关于支持和促进文化产业发展的若干意见》，将文化产业界定为："从事文化产品生产和提供文化服务的经营性行业。文化产业是与文化事业相对应的概念，两者都是社会主义文化建设的重要组成部分。文化产业是社会生产力发展的必然产物，是随着中国社会主义市场经济的逐步完善和现代生产方式的不断进步而发展起来的新兴产业。"

2004年国家统计局颁布了文化产业统计分类指标体系，8年后又发布了《文化及相关产业分类（2012）》，增加了文化创意、文化新业态、软件设计服务、具有文化内涵的特色产品的生产等内容和部分行业小类，"文化创意和设计服务"首次在文化产业类别中被提出。

文化产业因为具有高经济效益而低物质能源消耗、少环境污染、能吸纳大量就业人员（创造高中低端就业岗位）的优点，并且与餐饮、观光旅游、住宿、农牧业、手工艺等行业都有关联辐射效应，所以被世界上很多国家列为重点发展行业，某些资源短缺的国家甚至将其列为战略发展产业，例如韩国，自1998年遭遇亚洲金融危机后便提出"文化立国"战略，将文化产业作为国家今后经济发展的重点产业。

在我国，文化产业从2000年以来发展迅速，仅以四川省2015年的数据为例，四川省"共有国家级文化产业示范园区1个，国家级文化和科技融合示范基地2个（成都市、绵阳市），国家级动漫游戏基地1个，国家级文化产业示范基地15个；省级文化产业示范园区3个，省级文化产业试验园区2个，省级文化产业示范基地44个。省级以上文化产业示范基地（园区）总资产超千亿元，直接解决就业人口超过14万人"。[①]

文化产业的发展是一项系统工程，离不开多因素的组合和多方的参与。多行为主体的协同创新对于地区文化产业发展而言是至关重要的。

二、协同创新

协同创新是"协同"与"创新"两个概念的组合，这两个概念都发端于科学研究，后来无论是在科学领域还是在社会生活中都广为应用。而协同创新这个组合概念在科学研究与社会生活各

---

① 沈轩. 三道加法 四川文化产业提速发展 [M]. 四川日报，2015-06-02.

个领域中都发挥着整合资源达成新目标的作用。

1. 协同

20世纪60年代初，德国物理学家哈肯教授在研究激光现象的实验中发现：任何一种系统既有个体单独的运动，也存在作用于整体的制约要素，当系统内各个子系统相互协调、相互影响时，系统表现为有规律的有序运动状态。据此，他于20世纪70年代首次提出协同学，指出一个由许多子系统构成的系统，如果在子系统之间互相配合产生协同作用和合作效应，系统便处于自组织状态。后来，学者Corning将协同定义为系统（社会或自然系统）中多个子系统要素之间产生的整体效应。[1]

2. 创新

经济学上，"创新"概念的起源为美籍奥地利经济学家熊彼特在1912年出版的《经济发展概论》。熊彼特在其著作中提出：创新是指把一种新的生产要素和生产条件的"新结合"引入生产体系。它包括五种情况：引入一种新产品，引入一种新的生产方法，开辟一个新的市场，获得原材料或半成品的一种新的供应来源，新的组织形式。熊彼特认为，创新并不是从无到有创造全新事物，而是把不同事物关联起来合成新事物的过程。

---

[1] 解学梅，方良秀. 国外协同创新研究述评与展望[J]. 研究与发展管理，2015，27（4）：16-24.

对于当代中国而言，创新是推动发展的核心动力。

《中华人民共和国国民经济和社会发展第十三个五年规划纲要》（2016—2020年）提出："创新是引领发展的第一动力。必须把创新摆在国家发展全局的核心位置，不断推进理论创新、制度创新、科技创新、文化创新等各方面创新，让创新贯穿党和国家一切工作，让创新在全社会蔚然成风。"

在2020年10月26日~29日召开的十九届五中全会确认"坚持创新在我国现代化建设全局中的核心地位"。

《中华人民共和国国民经济和社会发展第十四个五年规划和2035年远景目标纲要》明确提出："坚持创新在我国现代化建设全局中的核心地位，把科技自立自强作为国家发展的战略支撑，面向世界科技前沿、面向经济主战场、面向国家重大需求、面向人民生命健康，深入实施科教兴国战略、人才强国战略、创新驱动发展战略，完善国家创新体系，加快建设科技强国。"

3. 协同创新的定义

哈肯最早提出协同思想，之后协同思想在创新系统理论中得到应用，许多文章以国家创新系统以及产学研合作为主题，探索企业与大学、科研机构或中介组织等不同的合作对象之间的协同创新问题。我国学者解学梅、方良秀在综合分析国外现有的相关文献后，将协同创新的本质定义为"企业与政府、科研机构、大学、中介机构和用户等不同的合作伙伴，为实现创新增值而开展的一种跨界整合，其协同度较高，在创新过程中追求更高的经济和社会效益"。[1]

美国麻省工学院研究员 Peter Gloor 提出的协同创新定义即"由自我激励的人员所组成的网络小组形成集体愿景，借助网络交流思路、信息及工作状况，合作实现共同的目标"。[2]

复旦大学原校长杨玉良认为："协同创新，就是相同或相似的单元之间通过合作，产生相互作用关系和共振放大效益，形成高效有序的创新机制。"[3]

合肥工业大学管理学者傅为忠认为：一般来说，协同创新通常是指由不同创新主体的创新要素进行有机配合，再通过创新要素之间复杂的非线性相互作用从而产生整体效应最优的一个协同过程，是整合创新资源、提升创新效率的最有效途径。[4]

百度百科中定义的"协同创新"概念是以知识增值为核心，企业、政府、知识生产机构和中介机构等为了实现重大科技创新而开展的大跨度整合的创新模式。协同创新是通过国家意志的引导和机制安排，促进企业、大学、研究机构发挥各自的能力优势、整合互补性资源、实现各方的优势互补，加速技术推广应用和产业化，协作开展产业技术创新和科技成果产业化活动，是当今科

---

[1] 解学梅，方良秀. 国外协同创新研究述评与展望[J]. 研究与发展管理，2015，27（4）：16-24.
[2] 参见傅为忠《区域协同创新及其运行机制》一文。
[3] 同上。
[4] 同上。

技创新的新范式。

学者陈劲在《协同创新》一书中提出：协同创新是对创新资源和要素的有效汇聚，通过突破创新主体间的壁垒，充分释放人才、资本、信息、技术等创新要素的整合与流动，共享科技成果和技术资源，减少资源的分割、浪费和重复，能够有效地提高社会的创新效率。他认为协同创新意在大力推进高校、科研院所、行业企业、政府以及其他中介机构之间的深度合作，探索适应于不同需求的创新模式，营造有利于创新的环境和氛围。①

协同的目的在于创新，而协同创新是"当今世界科技创新活动的新趋势，成为整合创新资源、提高创新效率的有效途径。"②

笔者对协同创新的理解为：在一个由许多子系统构成的总系统内，如果子系统各自的生产要素和生产条件能够相互结合并在整合创新过程中产生优势互补、互利共赢的优化效果，能让总系统达到一种比原先完善的新状态，这就是在总系统中产生了协同创新作用。

4. 协同创新的核心

知识协同是协同创新的核心。知识区别于信息与数据，是科研人员对公共信息进行处理加工以及推理验证而得到的，属于知

---

① 陈劲. 协同创新 [M]. 杭州：浙江大学出版社，2012.
② 同上。

识管理的协同化发展阶段。[①]

知识协同的基本过程主要有四个阶段：知识获取、知识消化、知识共享以及知识增值。[②] 可见，知识协同的最后阶段就是知识增值阶段，也是协同创新的目的达成与目标实现的阶段。

三、协同创新传播

协同创新传播即在新闻传播领域展开的协同创新模式，这是一种具有整合优化效应的新型传播模式。

传播无处不在，一般而言，传播就是人类社会的信息流动现象，是人类通过信息进行的社会互动。[③]

美国学者詹姆斯·凯瑞在《作为文化的传播》中把传播的定义分为"传播的传递观"和"传播的仪式观"，前者将传播看成是信息的传递，后者则将传播看成是意义的生产与交换。

笔者认为，传播就是人与人之间的沟通、交流乃至人类社会的文化传承、交流与开发。在本书中，新闻传媒和文化传播实体本身就是传播机构，从事着传播工作；而学术研究和教育都是特殊的传播形式，学术研究是在生成并向一定范围的受众传播新知识与新理念，教育则是在向学生传输、传递、传承知识与理念，

---

① 陈劲. 协同创新 [M]. 杭州：浙江大学出版社，2012.
② 同上。
③ 展江. 大众传播通论 [M]. 北京：中国人民大学出版社，2011.

两者都不是单向的传播过程，都有反馈的环节。

借鉴并综合上述的概念，本书认为，协同创新传播就是为了实现某种特定目标或目的而推进的系统战略传播模式，在这个战略传播过程中各个传播子系统的资源得以共享并能整合创造出新的价值——通过循环往复的知识协同，让各个子系统都能创新其信息传播的内容与方式并产生整合优化的传播效果，从而形成传播的协同创新效应。

新闻传播"三界"作为极其重要的社会力量，在协同彼此（各个传播子系统）以及其他相关的社会主体共同推动西部文化产业发展的过程中，如何通过创新自身的传播方式、内容与渠道，创新传播知识与理念，创新新闻传播人才的培养方式等去形成一股合力，即能够有效地调动、整合新闻传播领域以及其他相关领域的各种创新要素一起去促进西部地区文化产业的发展（传播的协同创新效应），进而实现让该区域各族人民共享发展成果、脱贫致富共赴小康的经济社会发展目标。

笔者认为，在推动西部文化产业发展的过程中，新闻传播"三界"的协同创新传播作用体现在既可以加强彼此间的协作，又可以作为信息中介，通过牵线搭桥来促进各类高校、科研院所、行业企业、政府以及其他社会力量的深度合作（协同），共同探索能够促进西部文化产业发展的创新模式（创新），进而在整个西部地区营造有利于创新的思想环境和舆论氛围（社会动员和引导舆论）。

由于社会的传播系统是一个复杂的系统，其中的各个子系统自身的特性和定位各有不同，所以在协同创新过程中所起的作用亦各有不同，有的子系统会起主导作用，有的子系统则起到协作、协助作用，但只要能达到让彼此资源共享、优势互补而又能使总系统得以优化的协同创新效应即可。

在新闻传播"三界"的协同创新传播中，起主导作用的是新闻传播业界，起协作、协助作用的是新闻传播学界和新闻传播教育界，因为新闻传媒和各种文化传播实体在直接、即时地为西部文化产业的发展做着信息沟通与传播、信息增值、信息服务等工作，而新闻传播学界和教育界一般是在间接、延时地为西部文化产业发展做着知识理念的转化与传承工作，因而直接推动西部文化产业发展的是新闻传播业界，而在后方的新闻传播学界起着智力支持、传播先进科学技术理念与革新社会观念的作用，新闻传播教育界则起着培养人才，传播传承文化知识、先进科学技术理念与现代观念的作用。但是这"三界"对西部文化产业的可持续发展都有着重要作用，缺一不可，需要其共同发挥协同创新传播作用。

新闻传播"三界"开展的协同创新传播活动其实就是新闻传播"三界"协同其他创新主体一起进行的产学研协同创新活动，而这些协同创新活动离不开官方的支持——国家层面以及地方各级政府通过政策引导、行政与制度安排等，"避免了子系统群体的非理性导致的整个创新系统的非理性，实现创新体系整体的利益最大化"。①

　　新闻传播业界对西部文化产业的协同创新传播作用体现在持续不断地将全社会范围内对西部文化产业有益的隐性知识进行采写并转化为对协同创新系统有参考的显性知识，同时又把系统外部对西部文化产业有价值的显性知识转化为系统内部所需的隐性知识。新闻传播业界在这个循环往复的创新扩散过程中推动着整个系统进行相关知识的共享、创造与增值，从而创造出新的社会效益与经济效益。

　　新闻传播学界对西部文化产业的协同创新传播作用体现在将整个协同创新系统中各个创新主体的隐性知识加工、整理、提炼、转化、编码为全社会共享的显性知识，从而推动相关的知识理念在新闻传播业界、高校新闻院系乃至更大的社会范围内得到吸收、应用与反馈，而这些显性知识被吸收后又会在创新主体中派生新的隐性知识（与此同时，学界可以持续关注新的知识动态并把国内外已有的、对西部文化产业有参考价值的显性知识通过平白晓畅的语言翻译转化为系统内部所需的隐性知识），新闻传播学界在这个循环往复的创新扩散过程中推动着相关知识的共享、创造与增值。

　　新闻传播教育界的主要作用体现在培养本领域人才的过程中传播传承相应的知识、技能、理念与观念，并随时结合社会的发展变动、新闻传播学界与业界的新动态而更新教学培养培训的内

---

① 陈劲.协同创新[M].杭州：浙江大学出版社，2012.

容、方式与方法，并不断地在得到反馈后（例如学生评教）进行调整。从知识协同的角度来说，新闻传播教育界对西部文化产业的协同创新传播作用体现在如何把新闻传播学界、业界以及其他创新主体所拥有的隐性知识和显性知识通过各种教学手段传输给新闻学子，并设置一系列实践环节让学生们实现显性知识与隐性知识的有机转化，从而提升他们学以致用的能力。

  本书的研究聚焦在：新闻传播业界、学界、教育界这"三界"对西部文化产业的可持续发展能起到哪些协同创新传播作用；新闻传播业界如何通过创新自身的传播内容、形式与渠道等，为西部文化产业进行政策宣传、舆论造势、社会动员与凝聚共识；新闻传播学界作为新闻传播研究的重要创新主体，如何通过知识与理论的创新来促进新闻传播业界更好地为西部文化产业进行政策宣传、舆论引导以及为新闻传播经营实体的经营管理提供智力支持（媒体以及各类文化传播实体本身就属于文化产业的重要组成部分）；新闻传播教育界作为培养新闻传媒和各类文化传播实体相关创新人才和后备人才的重要创新主体，如何通过协调"政、产、学、研"等各种要素来解决西部文化产业人才培养与创意供给的问题，因为相关人才的培养是提高西部文化产业创新效率的最有效途径。

第三节　文献综述

本书旨在研究新闻传播"三界"在西部文化产业发展中如何发挥协同创新传播作用，因而本研究既是协同理论在新闻传播领域的应用研究，又是发展传播学理论在当代中国西部大开发语境下的应用研究。

在展开自己的研究之前，必然要清楚前人都进行过哪些相关研究，而这些研究能够给自己带来哪些启发。

一、协同创新研究

协同学起源于20世纪60年代，当时哈肯在研究激光理论的过程中首次提出了协同学的基本观点，开启了协同学的研究序幕。继而他在1971年与人合作发表论文《协同学：一门协作的科学》，将协同学作为一门学科进行研究。1977年他又正式出版了《协同学导论》一书，建立了协同学的理论框架。1983年，哈肯出版《高等协同学》一书，以信息论、控制论、突变理论等为基础，通过建立模型来描述事物从无序到有序转变的规律，正式创立了协同学研究，许多学者开始加入这一领域的研究，而他自己持续出版了十多部协同学专著。哈肯的中心观点为"一个由多子系统构成的系统，如果在子系统之间相互配合产生合作效应，系统便处于自组织状态，从而在整体上表现出一定的结构和功能"。[1]

协同学逐渐成为一门交叉学科，不同学科的学者都从不同侧面研究协同现象，其中，管理协同理论和知识协同理论在当代社会尤为重要。安德鲁·坎贝尔在《战略协同》一书中指出协同是企业应当重视的问题，协同公式（1+1>2）表达了公司整体价值大于各部分价值的简单加和。知识协同的概念最早由 *Knowledge Management* 杂志前主编 Karlenzig（2002）提出："它是一种组织战略方法，可以动态集结内部和外部系统、商业过程、技术和关系（社区、客户、伙伴、供应商），以求最大化商业绩效。"此后，Mckelvey 等人将知识协同定义为一种"活动"，在这种"活动"中参与各方都积极投入知识创新中，在合作中成果是可见的。Anklam 提出，知识协同的核心要点是共享、协作、开放、创新，知识协同最重要的目的是推动知识创新，通过协同平台将各知识主体中互补的知识资源进行整合，弥补各主体的知识短板，为各主体提供整体效益的最大化和互利共赢。[2]

根据学者刘一新、张卓的分析，国内协同创新研究的发展演

---

[1] 陈劲.协同创新[M].杭州：浙江大学出版社，2012.
[2] 同上。

化过程大致可以分为以下四个阶段：第一阶段是萌芽期（2000—2006年），在此阶段国内协同创新研究已经出现，主要集中于技术创新和对策研究，研究数量少且发展非常缓慢；第二阶段是发展期（2007—2011年），这一阶段主要涉及产业集群、供应链研究；第三阶段是爆发期（2012—2016年），这一阶段研究的宽度和广度大为拓展，（政）产学研（合作）、（地方）高校、创新绩效、创新驱动、影响因素、科技创新产业、模式、知识转移、运行机制、协同度等方面都成为研究热点；第四阶段是稳定发展期（2017年至今），该阶段研究涌现出智库、供给侧、模块化、产学研联盟、信息化、门槛效应、可持续发展、空间溢出等新热点。[①]

二、发展传播学研究

发展传播学研究兴起于20世纪五六十年代的美国，当时一些希望能提高世界贫困人口生活质量的精英知识分子致力于从传播的角度来改变现状。

1958年美国学者丹尼尔·勒纳出版的《传统社会的消逝：中东的现代化》一书中分析了大众媒介在加速传统社会瓦解以及走向现代化过程中的重要催化作用，将大众媒介称为"奇妙的放大器"。1964年，威尔伯·施拉姆出版的《大众传播媒介与社会发

[①] 刘一新，张卓. 中国协同创新研究热点与发展趋势分析——基于CiteSpace可视化分析[J]. 创业与创新，2021（1）：39-43.

展》一书中提出："在为国家服务时，大众传播媒介是社会变革的代言者。它们所能帮助完成的是这一类社会变革，即向新的风俗行为、有的是向新的社会关系的过渡。在这一类行为变革的背后，必定存在着观念、信仰、技术及社会规范的实质性变化。"20世纪60年代，埃弗雷特·罗杰斯相继出版了《创新的扩散》和《大众传播与国家发展》，他认为传播活动是贯穿于创新扩散模式全过程的，传播是社会变革的基本要素之一，而新思想新事物的普及推广是一种传播的特殊形态。

以丹尼尔·勒纳、威尔伯·施拉姆、埃弗雷特·罗杰斯等为代表的主导范式推广者们主张第三世界国家应当通过大众传播引进西方先进的新思维和新做法，加速本国的现代化进程，而大众媒介是加速国家发展和社会变革的重要手段。

科林·斯巴克斯（2009）提出西方发展传播学研究经历了主导范式、参与传播范式、帝国主义范式、全球化范式四个阶段的变革。这几种主要范式是逐渐演化的，时间上有承接性。

主导范式尽管从20世纪70年代起开始淡出主流学术圈，但是在实践层面上至今仍然保留了极大的影响力，因为它对社会实践项目有积极的影响。

参与传播范式出现于20世纪70年代，在80年代占据了发展传播学研究的主导地位，这种范式关注社会底层民众的意志，重视大众传播中个人的作用，将发展视作一个整体、多维、辩证的过程，将传播看作一个参与者之间信息共享的过程，注重传者与受者之间的信息交流。

帝国主义范式是指当发展中国家纷纷学习西方的传播理论并引进西方的传播技术后，发现对本国的经济和社会发展不仅没有起到推动作用，反倒产生了对西方的依赖，再引进西方媒介技术与理论的同时也得依照西方大众传播媒介的专业标准，而这与本国国情和文化背景都不符合，反倒影响了本土文化的发展。发展中国家依附于西方传播媒介会形成"文化帝国主义"（实质上是对西方发达国家政治和文化的依附），这会造成被西方发达国家控制本国的思想文化传播，进而动摇本国政权的严重后果。

全球化范式指的是随着经济全球化，地区限制被逐渐打破，媒介传播也呈现出了全球化趋势。发展中国家相较于媒介传播初期，不再需要全盘依赖西方发达国家的媒介技术、理论与专业标准，自身的媒介制作内容开始丰富起来，开始制作出适合本土化的媒介内容，媒介审美标准也开始趋向本土化，与此同时，适宜于本土媒介研究的大众传播学理论也有所发展。发展中国家逐步摆脱了对西方国家传播媒介内容及制度的依赖，不再成为西方国家文化的附庸，形成符合发展中国家需要的文化价值体系，发展中国家的大众传播媒介逐渐对本国经济与社会的发展产生了推动作用。

20世纪80年代中期，当传播学在中国逐渐得到关注的时期，发展传播学理念随之进入中国学者的视野。这一时期直接研究或介绍发展传播学的文章有两篇，即《传播事业与国家发展——国际传播学研究的一个新领域》(袁路阳，载《新闻学刊》1986年第一期)、《发展传播学简介》(潘玉鹏，载《新闻大学》1989年冬季号)，都只是简略介绍。

20世纪90年代以后，中国学者对发展传播学的研究取得了较大进展，出现了范东生的《发展传播学——传播学研究的新领域》、支庭荣的《由盛转衰的发展传播学》、陈龙的《"发展理论"演进中的媒介角色及其再认识》、殷晓蓉的《当代美国发展传播学的一些理论动向》等论文，以及发展传播学经典著作《大众传播媒介与社会发展》的中译本翻译出版。1993年3月，复旦大学裘正义博士的《大众传播与中国乡村发展》由群言出版社出版，这是在完整的发展传播学理论框架下进行的综合性实证研究。1997年12月中国社会科学出版社出版了《人·媒介·现代化》(陈崇山、孙五三主编)，主要关注在我国的特定环境下大众传播媒介在人的现代化过程中所扮演的角色。2000年12月，由课题而产生的研究专著《传播与民族发展》(张宇丹主编)由新华出版社出版，通过对云南省13个少数民族的抽样调查得出"少数民族地区的信息传播与社会发展呈明显的正相关关系"。[1]

21世纪以来，我国学者对发展传播学理论的梳理与分析工作在持续进行，其中不乏有见地的论文。韩鸿在《参与式影像与参与式传播——发展传播视野中的中国参与式影像研究》(2007)一文中提出，以集体行动为特征的参与式影像的生产与传播是一个

---

[1] 徐晖明. 我国发展传播学研究状况 [J]. 当代传播，2003（2）: 14–16.

创造对话、促进思考、凝聚共识的民主化过程，参与式传播更适合中国农村广大农民群众的草根传播方式。他在《参与式传播：发展传播学的范式转换及其中国价值——一种基于媒介传播偏向的研究》(2010)一文中，则对参与式传播的缘起、发展过程、理论基础、基本模式进行了系统的梳理——"参与"意味着在较高层面上对传播系统的公众介入，包括公众在制作过程以及传播系统的管理和计划中的介入。他提出，对于中国的乡村传播来说，参与式传播理论给我们诸多的启示：第一，建立乡土内生性媒介；第二，重视以参与为特征的乡村文化生产和传播；第三，村民参与乡村传播的内容生产。如今，农民通过抖音、快手和电商直播等对乡村文化进行生产和传播正是在实践着参与式传播理论。

王锡苓等(2012)在《发展传播学研究的"赋权"理论探析》一文中介绍了赋权理论的实践探索，媒体被用于服务社区的需求，强调参与、对话、双向传播，进行文化整合，认为这一新的理论视角为我国发展传播学研究与实践提供了新空间。

笔者认为，发展传播学主导范式旨在依托国家的支持，自上而下地推行一系列的传播计划去帮助世界上贫困地区或国家的人们改善困境，提高生活水平（类似中国的"新闻扶贫"），而这一系列传播计划是由外来专家根据当地人的情况而制定的。专家们针对当地被扶助的贫困人群的特点而设计适合他们的传播策略与内容，由媒体去传播这些信息。这种自上而下的传播计划寄期望于"两极传播过程"——期待传播的特定发展信息首先影响到当地的社会精英，待这些精英由于接受到先进的、现代化的信息而做出相应的改变时（由态度改变转化为行为改变），一般群众也会因为受到当地社会精英的影响而渐渐接受这些发展传播信息。尽管发展传播学的主导范式在理论研究上不断受到质疑，但是由于主导范式的研究者们致力于将研究付诸实践从而去推动世界贫困人群的发展，并且为此设计了许多切实可行的具体操作策略，因而主导范式发展至今在各种社会实践项目中依然拥有很强的生命力。

中国是世界上最大的发展中国家，随着中国经济跃升世界第二（中国成为世界第二大经济体），中国为世界上广大的发展中国家也提供了独立于西方霸权之外的发展经验。中国的发展经验为世界上广大的发展中国家和地区当前迫切需要解决的贫穷和发展问题贡献着中国智慧和方案。在这种背景下，"发展"在中国的各学科研究中都成为热词。而已经淡出西方主流学术圈的发展传播学在多年坚持改革开放的中国焕发了勃勃生机，因为它对于研究中国新闻传播界如何推动社会发展与变革有着积极意义。

发展传播学中的主导范式比较适合研究当今中国的新闻传播实践，因为当代中国社会的发展与变革正是一个自上而下推动的过程，国家顶层设计中提出的每一个"五年规划"都旨在调整、推动国内的经济与社会发展状况，每次都是为期五年定点进行突破的变革过程，这个过程全程需要新闻传播界起到阐释、宣传、动员作用，亦需新闻传播界起到"上情下达、下情上达"的双向沟通作用。发展传播学的主导范式初衷是解决"二战"后广大第三世界国家贫困现状并改善贫困人口的生活质量，而中国的西部大开发、脱贫攻坚、乡村振兴、新型城镇化等战略都是为了缩小贫富差距、城乡差距、东西部区域差距而推进的社会变革过程，这些都需要新闻传播界在其中起到积极的作用。

参与范式则适合国家政策出台后在全国各省区市落地时的信息沟通交流，因为任何政策在基层的执行都离不开人民群众的理解与支持，因而在这个政策执行过程中，不能是单一垂直的自上而下的政令传达（很容易成为一纸空文），必须是基层各级干部与人民群众相互沟通与信息共享、共商、共情的全员动员参与式传播过程。

帝国主义范式则提醒我们在引进吸收西方传媒理论、传播科技与媒介内容制作标准的同时随时保持警惕，不能丢掉我们本土文化的根基、不能不顾我们的现实国情和具体发展阶段而盲目"西化"，一定要形成我们本土的新闻传播理论与实践体系。

全球化范式则有助于我们形成自己的文化与传播自信——我们有能力立足本土来发展自身的新闻传播实践与理论体系，我们自己的大众媒介能起到推动本国与各省（区）市经济社会发展的积极作用。

笔者认为，国际发展传播学的一系列成果本身就是新闻传播力量如何发挥协同创新作用（政－产－学－研－用）去帮助国际上某些少数民族地区民众脱贫（摆脱贫困是全世界面临的最大发展命题，只有摆脱了贫困才能走向现代化征程），因而，发展传播学的各种研究范式对本书的研究都有参考价值。

发展是一个世界性的主题，全世界各个国家与地区（尤其是广大发展中国家与地区）都面临发展的主题，而国家与地区的发展都离不开摆脱贫困（脱贫）与现代化两大问题。中国西部地区的发展也不例外，同样要面临脱贫（目前是脱贫与乡村振兴无缝衔接）与走向现代化两个目标。

实际上，中国西部地区的发展和国家每一阶段的发展目标是高度一致的，对于经济文化社会发展水平相对滞后的该区域来说，发展更是分阶段来达标的——第一步是区域整体脱贫奔小康，第二步是在实现了小康生活基础上奔向现代化。

在这个发展过程中，新闻传播界所发挥的作用是不容小觑的。20世纪五六十年代伊始，西方的一批传播学者陆续为世界上某些落后贫困地区做过很多有益的尝试与实践，从而形成了发展传播学的各种范式。而今，中国西部地区的发展依然离不开新闻传播界的支持与推动作用，因此本书依然要在发展传播学的框架下开展针对当下中国西部地区文化产业发展的研究。

三、整合营销传播研究

整合营销传播（Integrated Marketing Communication，IMC）的理念起始于20世纪80年度中期。整合营销传播的理念是由于企业追求"传播协同创新效应"而发源的。在长期的实践中人们发现，企业如果采用多种传播手段，例如公关、广告、促销、直接营销等，所达到的综合效果会高于单一传播手段的效果之和，即所谓传播协同创新效应。在20世纪80年代，美国一些营销传播机构的广告策划和营销人员及一些广告代理公司发现，传统的单一形式广告很难达到良好的效果，而综合运用各种促销工具或者媒介，又经常会产生主题诉求、执行步调不一致的情况。如果协同运用各种媒介及促销工具，则会达到最优的传播效果，这引起了业界的重视。在业界对于传播协同创新效应的不断研究和应用基础上，20世纪90年代初期，整合营销传播理念开始产生。[①]

1993年，舒尔茨正式提出整合营销传播的概念，认为整合营销传播是一种长期对顾客及潜在顾客制定、执行不同形式的说服传播计划的过程，是将所有与产品或服务有关的信息来源加以管理的过程，使顾客及潜在顾客接触整合的信息，并且产生购买行为以维持消费忠诚度。

整合营销传播是针对消费者而进行系统传播计划的过程，它以消费者为战略过程的起点和依归，而又重点体现在"整合"二字上——这包括传播信息的整合、传播手段的整合以及传播过程的整合。

1996年，卢泰宏、李世丁先后在《国际广告》上发表了介绍整合营销传播的文章，IMC理论正式进入国内学术界视线，之后，

---

① 任耀东. 三元乳业整合营销传播策略研究[D]. 北京：北京交通大学，2010.

相关研究与实践日益增多。学者周汉章通过中国知网以"整合营销"为主题进行检索，截至 2021 年 6 月 22 日共有 2197 篇期刊文章、605 篇硕博论文、42 篇会议文献和 49 本图书。从中国知网对这些成果所显示的学科分布来看，这些研究主要分布在经济与新闻传媒领域。发表于《国际新闻界》《现代传播》《新闻与传播研究》《新闻大学》《中国广播电视学刊》上的论文有 25 篇，发表在《广告大观》《中国广告》《现代营销》上的论文有 183 篇，这 208 篇论文相对而言都属于含金量比较高的成果。从这 208 篇论文的发表时间来看，IMC 自 1996—1997 年被引入，自 21 世纪伊始论文发表数量迅速增多，在 2003—2005 年、2010—2012 年形成两个高峰期，2014 年以后论文数量逐渐减少。周汉章再对这些论文进行筛选，进而梳理出国内整合营销传播主要成果的研究主题主要分布于理论引进和介绍、理论构建与反思、IMC 与组织机构、受众以及实践调查、媒介融合研究、本土应用研究这几方面。

2014 年以后，国内营销领域认为 IMC 理论已经过时，不再适合当前的本土营销环境。"但是，作为一个强调协同优势和传播效果最大化的理论，IMC 为应对愈发复杂化的营销环境提供了一种行之有效的思路和方法。而随着智能传播时代的来临，整合的重要性必将更加凸显。"[1]

西部文化产业的发展在一定程度上需要整合营销传播，因为

---

[1] 周汉章. 整合营销传播理论研究综述 [J]. 现代营销（学苑版），2021（35）：47–49.

文化产业本身就离不开消费者（例如文旅产品的消费者、文创产品的消费者、特色农副产品的消费者等），因而西部地区的各级政府、各类文化企业和各种中介机构都可以针对特定的目标受众（即消费者）制定并实施系统传播计划，整合传播信息、传播手段和传播过程。例如，四川甘孜藏族自治州政府利用网红丁真推出区域宣传片，又将其包装为形象大使，当地的国企吸纳其为员工，而国内的新媒体、主流媒体纷纷为丁真宣传造势，共同推动甘孜的旅游热，为当地的脱贫攻坚和乡村振兴助一臂之力。

整合营销传播理论注重在营销过程中将多种传播方式进行整合以达到协同传播效应，尽管该理论的应用领域比较有局限性，但其注重将传播方式进行整合协同的观点给本书的研究带来很多启发。

在对上述三方面的研究进行梳理后，本书的研究脉络也变得清晰起来。

本书就是在中国当代西部大开发的语境下，参考发展传播学的研究思路，将协同学理论实际应用于新闻传播学领域的研究中，具体分析新闻传播学界、教育界、实业界如何协同各个创新主体的力量去创新传播内容、方式、形式和渠道等，以优化传播效果，进而达到推动西部文化产业发展的目的与目标。

本书旨在考察新闻传播界对西部文化产业发展所发挥的协同创新传播作用，研究涉及西部地区的经济社会发展问题——中国广大的西部省份尤其是少数民族地区如何通过特色文化产业来达到脱贫致富、乡村振兴、保护与传承传统民族文化的精华等目的，而新闻传播界在推动该区域实现现代化发展之路上所起的协同创新传播作用其实就是发展传播学理论和协同学原理在当代中国西部地区发展的现实语境下之灵活应用。

因此，本书沿着发展传播学的研究思路，立足于协同论的基本原理和创新的时代命题，结合媒介社会学、人类学、民族学、经济学、政治学、文化产业等相关理论，对新闻传播业界、学界和教育界的协同创新传播作用——进行考察分析，然后再进行归纳总结，继续思考如果将新闻传播"三界"作为整体的话，其协同创新传播作用何在？

笔者假设，作为整体的新闻传播界，其协同创新传播作用体现在三个子系统（业界、学界、教育界）能够共享彼此的资源，互通有无，在推动西部文化产业走廊发展中，学界能为业界如何取得更好的传播效果提供相应的智力支持，而教育界能积极与业界互动（例如请优秀工作者来讲课、共建实习基地等）从而为西部文化产业发展所需要的后备人才提供更好的培养条件和实习实践环境，而业界随时将新闻传播实际工作中发现的新现象、遇到的新问题和困惑与学界、教育界共享，在这个协同合作的过程中，业界得以不断创新改进自己的工作方法并提升传播效果，学界得以不断生成新知识与理念，而教育界得以不断创新人才培养的方式方法并培养出优质人才，从而达到优势互补、互利共赢的效果。如此循环往复，便能在西部文化产业发展中形成一个完整的"产－学－研－用"创新传播链条，达到最优化的传播协同创新效应，为西部文化产业乃至整个西部地区的可持续发展不断贡献力量。而若想达成这种传播协同创新效应，除了传播子系统的努力外，还需要从官方层面去形成对新闻传播"三界"协同创新的长效保障机制。

若从知识协同的视角来进一步分析，新闻传播"三界"在协同创新系统中不断地将三个子系统各自的隐性知识转化为显性知识后在整个系统中分享，而三个子系统在吸收外化了的已经成为显性知识的其他子系统原先的隐性知识后，三个子系统原有的隐性知识都在扩容，而整个系统的知识总量也在增加，新一轮的知识转换又在发生，三个子系统的隐性知识又在整个系统中以某些特定形式进行外在化和显性化，而随着这些外显化共享化的原隐性知识在整个系统中得以无障碍流动时，新的知识价值会不断被创造出来，随后又会被各个子系统所消化吸收，进一步提升各个子系统的隐性知识量和内在价值，从而实现知识增值。这样的知识协同过程在整个系统中循环往复，导致新闻传播"三界"的协同创新传播状态在持续，故而对西部文化产业发展所产生的协同创新传播效应也会累积起来。

简而言之，无论是新闻传播学界、新闻传播教育界还是新闻传播业界，它们对西部文化产业发展的协同创新传播作用实质上就是一个对西部文化产业相关知识的协同创新过程。在这个知识协同过程中，新闻传播"三界"作为既彼此联系又彼此独立的子系统，分别参与着针对西部文化产业的知识协同创新过程，分别促进着各自子系统内的隐性知识与显性知识的不断转化以及在知识共享中不断创造出新知识，实现着促进西部文化产业发展的知识增值作用。

对于新闻传播"三界"的协同创新传播作用的考察，本书综合运用了文献研读、内容分析、报道框架分析、互联网数据挖掘、符号学分析、实地调查、深度访谈、典型个案研究等多种方法。

第三章

知识协同视角下的新闻传播界作用分析

Research on the synergistic innovation effect of news communication on western cultural industry

本章从知识协同的研究视角去分析新闻传播界对西部文化产业的协同创新作用，着重从新闻传播学界和新闻传播教育界两方面入手。

这一知识协同过程实质上是协同创新系统中的新闻传播学界、教育界与其他创新主体一起共享交流各自所拥有的关于西部文化产业的隐性知识与显性知识，使得原来固有的"信息茧房"得以打破，原来的知识拼图得以完整，而且在多元主体分享交流各自拥有的西部文化产业方面的隐性知识与显性知识过程中，这些知识相互转换与提升，各种知识流实现了头脑风暴式的重组，最终形成一个良性互动螺旋上升的知识创新链条。

在这个协同创新系统中，新闻传播学界和教育界作为子系统都可以实现知识共享，不仅共享已有的与西部文化产业发展相关的知识，更是在进行这一领域知识的创造与创新——通过隐性知识和显性知识相互之间的转化，使得组织和个人之间的知识得到共享，并且共同创造出新的知识。

第一节　新闻传播学界的作用分析

本节中的新闻传播学界既包含高等院校或各种科研机构（研究所、研究院）的新闻传播专业教师或相关研究人员，又包含对西部文化产业走廊开展研究时的相关行业从业者们（例如媒体从业者、文化厅工作人员、地方官员等），同时也包括在各类高校或相关科研机构正处于理论研究学习阶段的硕士、博士研究生，因为他们的学位论文是经过长期调研和伏案阅读文献后写作修改而成，其中不乏真知灼见，所以硕士、博士研究生也属于新闻传播学者的后备军。①

新闻传播学界作为协同创新系统中的重要创新主体，可以通过知识与理论的整合创新来促进新闻传播业界更好地为西部文化产业发展进行政策宣传、舆论引导，以及为新闻传播经营实体的

---

① 实际上，新闻传播学界和教育界在一定范围内有所重合——因为许多高校的新闻教师同时承担着教学科研任务，在教学之余也在从事新闻传播领域的理论研究工作，也属于新闻传播学者；而高校或研究所的硕士、博士研究生正处于学习培养阶段，在下一章中，他们属于新闻传播教育界所培养的对象与"产品"。

经营管理提供智力支持（媒体以及各类文化传播实体本身就属于文化产业的重要组成部分）和相应的信息咨询服务。

笔者认为，新闻传播学界对西部文化产业的协同创新传播作用应该体现在将大量与文化产业相关的新闻传播知识（包括隐性的新闻传播实践知识和显性的理论知识）通过各种形式进行知识的编码化（对于实践类隐性知识）与"翻译"化（对于理论类显性知识），让这些经过外部化、系统化、转换过的相关知识能够被相关的政府职能部门、文化企事业单位和各种中介机构工作人员比较轻松地理解和掌握（例如如何运营本单位的微信公众号、如何搞一次文旅新闻发布会、如何搞一次专题宣传策划等），帮助这些创新主体接受新知识，并且培育起应对西部文化产业发展所需的各种工作能力。具体体现如下。

首先是新闻理论研究者可以为新闻媒体提供新思路与视角——如何让与西部文化产业发展相关的文化、经济、社会等报道在内容与形式两方面得以创新，从而实现更有效的传播，进而凝聚社会各界的发展共识。

其次是传播理论研究者要从传者、受众、传播渠道、内容与效果五方面内容入手，去调研与西部文化产业发展相关的传播实务（市场调研、产品研发、市场反馈等方面）该如何实现创新，进而为相关创新主体提供实际操作知识与思路。

最后，新闻传播理论研究者可以随时关注西部文化产业中新闻传媒和各类文化传播实体的经营管理状况，通过相应的"把脉"

给出对策建议。

接下来，笔者尝试对上述设想进行学理方面的阐释分析。

新闻传播学界对西部文化产业的协同创新作用实质上是一个包含多个反馈与回路的知识协同过程——与西部文化产业发展相关的新闻传播实践与理论知识在新闻传播学界与政府职能机构、企事业单位、金融组织和各种中介机构之间不断地转移、共享、吸收、利用、转化和再创造，而这些协同创新主体"都迫切需要合力推进知识的扩散，通过整合外部的公共知识来弥补内部的知识落差，构建由多个知识个体及相互之间存在的关系所构成的知识协同网"。[①]

日本学者郁次郎和竹内弘高于1995提出知识创造SECI模型，指出知识协同过程实质就是隐性知识和显性知识之间的相互转化过程，包括社会化（Socialization）、外部化（Externalization）、联合化（Combination）、内部化（Internalization）这四个阶段。[②]

新闻传播学界对西部文化产业的知识协同作用可以从上述四个阶段逐一进行分析。

一、社会化阶段

"社会化过程是通过把隐性知识汇聚在一起进行交流，共享经

[①] 陈劲. 协同创新 [M]. 杭州：浙江大学出版社，2012.
[②] 同上。

验并产生新的隐性知识的过程。因为隐性知识具有特定的背景条件，难以公式化，所以获得隐性知识的关键就是通过共同活动来体验相同的经验。这个过程不是通过书本或语言可以学习掌握的，而是要在实践中不断通过观察、模仿、感悟等才能达到掌握的目的。"[1]

文化产业在中国的发展时日尚短，中国西部地域辽阔，地形地貌和风土人情各异，西部各省市文化产业的发展具有特定的背景条件，某一地摸索出来的文旅融合经验或特色文创产业经营模式很难被公式化地套用在其他省份。而要想加快西部文化产业的发展，就必须把在某些地方取得成功的文创模式或者文旅发展经验有意识地汇聚在一起，新闻传播学者可以协同其他领域的创新主体，对这些隐性知识进行交流、归纳、整理、讨论、提炼、总结与提升，这个转化工作可以通过各种类型的课题研究报告、论著、学术讲座、学术交流会等来实现。

另外，通过课题调研、学术座谈、学术研讨会等特定的学术活动，新闻传播学者可以与其他创新组织和创新人员一起交流共享已经显性化的成功经验，在这个过程中他们亦可以通过头脑风暴式的讨论再产生新的灵感和新的隐性知识。

因为西部地区各省份各地市都有自己特定的自然资源禀赋和人文历史环境，更是有当地特殊的发展经验，所以地方政府或相关企事业单位可以将新闻传播学者与其他领域的专家一起邀请到

---

[1] 陈劲. 协同创新[M]. 杭州：浙江大学出版社，2012.

特色文化产业基地或文创产品集聚区或文旅融合的发生地（具有某种资源禀赋的乡村或某种文化资源的特定地点），通过这样有组织的参观考察与观摩活动，让专家在共同的活动中体会到相同的经验（继而每位专家学者都将这些共享的经验转化为自己的隐性知识），而各位专家学者在共享这些经验的同时又可以分享各自的感悟（每个人的成长经历、学科背景、对同一事物观察思考的角度都不同）和其他相关的隐性经验（由本次的参观考察观摩活动所触发的回忆、联想、类比等思维活动），进而有可能产生促进某一类西部文化产业发展的新观点、新思路，而这些创新点往往能够对实际工作产生指导意义，继而可能会产生新的经济与社会效益。如此循环往复，系统的协同创新能力便得以提高。

"必须指出的是，保证组织成员的隐性知识得以交流的重要条件是，参与共享的成员之间应掌握共同的话语系统，对事物有相近的理解力，要具备高质量的经验……才能使他们的隐性知识得以增长"①，在这个针对西部文化产业发展的协同创新系统内，新闻传播学者和其他创新主体得以交流隐性知识的重要条件就是参与共享的成员之间都比较熟悉西部地区某一类文化产业的发展脉络，对该地区特色文化资源如何开发利用有着相近的理解，专家学者们各自又有着高质量的经验，这样在该系统内通过研讨与交流可以使他们的隐性知识得以有效增长，从而实现知识增值。

---

① 陈劲. 协同创新[M]. 杭州：浙江大学出版社，2012.

二、外部化阶段

在协同创新系统中，当西部文化产业发展中的一些特定成绩与经验通过社会化过程成为新闻传播学界协同其他社会创新主体所共享的知识后，知识协同过程就进入了知识的外部化阶段，意即新闻传播学界作为知识输出方，要把这些在系统内部已经共享了的隐性知识逐步显性化，通过外化实现转移——将一批本系统内部已经熟悉的隐性知识通过各种形式进行编码，用合乎社会规范的方式（例如公开发表的论文或公开出版的专著等）来进行知识的传递、修改、储存和复制。具体而言，新闻传播学界需要从新闻理论研究出发来关照西部地区各类传媒的新闻报道（内容生产）如何改进，从传播理论研究入手来关注西部地区某一类民族文化产业、某一类新闻媒体或文化传播实体经营管理、某一类文化传播现象等。

这些研究可以让经过外化、整理的原有隐性知识以较低成本在其他社会组织中进行传播，从而使本系统内部共享的隐性知识能够跨越组织边界，在社会更大范围内转换为公共的、显性的知识——这样就能更广泛地凝聚西部文化产业的发展共识。

在新闻传播学界的协同创新过程中，新闻传播学者们要把能推动西部文化产业发展的新闻传播实践经验和文化传播实践经验（隐性知识）转换为显性知识（这个过程实质上是知识外化的过程），尽管这些由个体经验而汇集成的经验知识一般只可意会而难以言表，但是专家学者们可以在论文、书籍、研究报告中将这些隐性知识概括归纳为特定的概念或规范化的文字表述（显性知识），或者根据西部地区文创企业的具体情境和市场需求进行具体修正和改进，使得这些企业通过理解和学习已经"量身定制"的显性知识，将其外化为操作层面的知识，进而再充实工作人员的隐性知识。

三、联合化阶段

在新闻传播学界的协同创新过程中，西部地区的高校、科研院所、企事业单位等创新主体作为若干个子系统，各自将自己系统内已有的关于西部文化产业的显性知识与从外部获得的已经成为显性知识的各种原隐性知识进行汇合并加以编辑整合创新（例如以推动西部文化产业发展为主题的学术征文），然后对这些得以丰富化、立体化、多层次化的汇总知识进行新一轮的传播扩散（例如在一定范围内公开召开的学术研讨会），让其在更大范围内不断外化为显性知识，而这些经过扩充的显性知识比起整合之前的知识，在内容上则更为丰富、系统。

四、内部化阶段

新闻传播学界在知识协同过程中,把西部文化产业的相关知识经过前三个阶段的转化后,又面临新一轮的显性知识内部化过程。"内部化是个体或组织吸收显性知识并使其转化为新的隐性知识的过程。"[1]

目前,新闻传播学界为西部文化产业的发展提供创新理念的工作尚处于起步阶段,日后需要在西部地区新闻生产、舆情分析、"政－产－学－研－用"以及新闻传播创意人才培养等方面着力,而从传播理论切入该走廊文化产业发展的研究则更需要统合研究力量,将原先分散、局部的研究进行有机整合,避免重复研究。因此,新闻传播学界参与的协同创新体系需要在国家与西部各省市政府的引导下进行。

无论是西部各级政府职能部门、企事业单位还是高校、科研院所等协同创新组织内的个体成员,都可以通过学习和实践去消化和吸收系统内部经过联合化阶段的显性知识,之后又会不同程度地将这些显性知识转化为个体内在化了的隐性知识(从而拓宽重构了他们各自的知识面和眼界),进而再将这些新内化了的隐性知识继续转化为每个个体成员应对西部文化产业发展所需的实际工作能力。

---

[1] 陈劲. 协同创新[M]. 杭州:浙江大学出版社,2012.

无论是高校、科研院所的学术人员还是企事业单位的研发人员，其个体层面隐性知识的积累和扩充都是系统知识创新的基础，因此系统获得的知识总量也会不断扩充丰富，从而实现西部文化产业发展的知识创新增值目标。

新闻传播学界作为协同创新的主体，对西部文化产业发展的核心作用就是通过跨组织、跨学科、跨领域的科研信息资源共享（指科研成果、学术论文和智库咨询等）——在科研人员与西部各级政府相关工作人员、当地文创工作者以及各种相关中介机构工作人员之间开展开放交流与合作等，在知识共享中进行知识创造，从而不断产生能够促进西部文化产业发展的创新知识，而这些在协同交流、知识共享中产生的创新知识被不同组织单元的工作人员转化为实际工作情境中的应用后又会产生新的经验知识，反馈给学界后又能生成后续的创新知识。这样循环往复，通过无数次的协同创新过程，知识通过应用被不断转化为绩效与商业价值，而通过对协同创新系统中多元主体应用情境的总结分析，学界也能不断扩充对西部文化产业原有认知的边界。

第二节　新闻传播教育界的协同创新传播作用分析

本节专门探讨新闻传播教育界对西部文化产业的协同创新传播作用，新闻传播教育界主要指培养新闻传播专业人才的高等院校、科研院所以及其中的教育者。因为考虑到（专）本、硕、博三个层次人才培养的完整性，所以本节重点关注的是西部地区的高校新闻传播院系及其教育者。

对于新闻传播教育界而言，其对西部文化产业的协同创新传播作用集中表现在为该区域的文化产业发展培养（包括培训）相应的文化传播创意人才，而培养（培训）本身就是一种带有特定传播目的、在时间上相对连续且持久的（一般从几个月到几年时间）组织传播活动。

当前西部文化产业的发展亟须懂得文化传播规律、擅长创意策划、懂得文化企业经营与管理、能够熟练采写新闻报道并熟悉新媒体运营与传播的专业人才，而这些人才的培养（培训）大都需要通过高校的新闻传播院系以及某些科研院所来实现。

在新闻采写、创意策划、新媒体运营、文化企业经营管理等需要实战的环节，则需要新闻传播院系协同各类新闻传播媒体、文化传播实体和社会其他力量合作去实现"产、学、研、用"联动，以达到培养文化传播创新创意创业人才的培养。这实质上就是新闻传播教育界协同其他组织一起构建一个协同育人平台，在这个平台里，与上述知识相关的文化教育资源实现了知识共享，而相关的隐性知识与显性知识在不断地相互转化，在这个循环往复的过程中，新知识被创造出来，接受培养（培训）的人们也得以不断扩充自己的知识面，并不断提升将知识运用在实际情境中的能力。

一、西部高校新闻学子的知识转换活动分析

大学生的各类调研项目、创业项目与社会实践活动实质上就是高校搭建相应的平台，帮助学生实现隐性知识和显性知识相互转换的过程。在这个过程中，能够让学生的知识结构实现创新重构（知识本身得到增值）、应对环境变化的实际工作能力得到提升。

1. 大学生调研项目

大学生调研项目是学生通过团队合作、实地调研等活动，将在书本上学到的显性知识、学术知识加以灵活应用，直接运用在具体情境中的过程。在这个过程中，团队成员不断交流调研的感

悟与体会、团队进行头脑风暴交流、项目组形成最后成果等，又是一个将各自的经验知识、隐性知识不断通过传播共享而转化成显性知识，再与原先书本上的显性知识共生、汇总、整合后形成新的显性知识的创新过程。

案例一：西南民族大学新闻传播学子2018年度国家级创新项目《新时代少数民族传统音乐的传承与传播——以国家级非物质文化遗产云南大理剑川白族调为例》围绕云南大理剑川白族调的传播与传承展开，项目组在对剑川白族调的现状进行调查时发现，剑川白族调的传播面临传承人年龄断层、高龄化以及传承人数量萎缩等情况。项目组通过拍摄纪录片《白翎雀》来为非物质文化遗产剑川白族调保存影像资料，在一定程度上提高了剑川白族调的知名度与影响力。

案例二：贵州大学文学与传媒学院专业教师于2017年7月中旬带领青年大学生深入贵州省少数民族贫困县榕江感受山乡脱贫变化。[①] 这次调研的主题是在精准扶贫政策下对榕江少数民族文化进行实地考察调研。

实践团队成员在7月17日上午集合赶赴实践地，开展活动。7月18日至7月21日在三宝侗寨、乌公、宰荡、大利、晚寨和平永镇中寨进行实地考察，有以下发现：在国家精准扶贫的政策

---

① 榕江县隶属于黔东南苗族侗族自治州，位于湘黔桂三省结合部中心地带，东邻黎平县、从江县，西与雷山县、三都县接壤，北界剑河县，南接荔波县，自古有"黔省东南锁钥、苗疆第一要区"之称。当地多山少水，以榕树而得名。

下，各个少数民族村寨都开始大力保护少数民族传统文化，开发少数民族文化旅游，使村民的收入增加。但是，村寨里的年轻劳力出门打工虽然能为家里增加收入却让传统的民族文化传承出现了断层的现象，比如侗族大歌的传承大都是村寨里上了年纪的老人和新政策下在接受民族教育的儿童。①

政府在对这些村寨进行大力的旅游开发同时也在尽量保护少数民族的传统和特色。三宝侗寨还保留着完好的侗族生活场景，政府鼓励该寨农户向集镇靠拢，通过发展民宿、农家乐等民俗旅游业来创收。大利侗寨是另一个开发程度较好的侗寨村落，全村基础卫生优良，村中的主要道路全都由鹅卵石铺就，现在已经建起了好几座现代化的客栈，以便接待来访的游客。宰荡、晚寨、乌公等地也都有不同程度的旅游开发，以少数民族特有的传统文化吸引着各方来客。调研团队在实地考察中发现上述村寨的旅游开发存在着商业化的趋势，不少寨民都担忧虽然收入增加但是本民族的传统文化难以为继。

学生们通过这次调研实践，切身感受到当地多姿多彩的少数民族传统文化。他们在考察过程中用文字讲述和新媒体展示的方式将少数民族文化进行传播，也培养提升了自身对民族文化资源进行发掘、整理、传播的专业素养。

---

① 大歌，是在中国侗族地区一种多声部、无指挥、无伴奏、自然合声的民间合唱形式。侗族大歌为男女合唱，一般是三四十人，多时可达二三百人。其歌唱内容都是侗乡秀美的自然风光和侗民的劳动生活，表达了侗族人民对自然和生命的热爱。

上述第一个案例是学生通过自己的大创项目（大学生创新创业训练计划项目）调研与创作（拍摄纪录片），来助力国家级非物质文化遗产云南大理剑川白族调传承传播的过程，在这个过程中，原先书本上的显性知识不断地与现实语境下的隐性知识相互转化，直至最后新的显性知识生成并产生了一定的实际传播效果——纪录片提高了剑川白族调的知名度。

上述第二个例子则是学生在调研中将各自的经验知识、隐性知识不断通过传播共享而转化成显性知识，又与原先书本上的显性知识共生、汇总、整合后形成新的显性知识的创新过程。

2. 大学生创业项目

大学生创业项目能够使学生将从学校系统教育中获得的显性知识灵活应用在具体情境中，又不断地在具体运用书本知识解决实际问题的过程中增长个人经验值，即生成了经验知识和隐性知识，这反过来又拓宽、延伸、重构了显性知识，在践行中提高了对书本知识的理解能力，在后续的工作中这种重构过的显性知识又不断转化为能够应对环境变化的实际工作能力，而此时学生在新条件下内化了的经验知识又不同于以往，即生成了更高层次的经验知识和隐性知识。大学生创业项目（与工作相似）提供了这样一个循环的将显性知识与隐性知识、书本知识与经验知识相互不断转化的过程，而这就是一个通过专门实践项目实现创新的过程。

例如西南民族大学2018年度的校级创业项目《燕故堂工作室——羌绣小产品创意工作室》。同学们在新闻专业教师的指导下创立了羌族文化工作室，创办了自己工作室的公众号和小程序，设计和销售以羌绣为主要开发载体的一系列小产品，如带有羌绣的杯垫、小挂饰、背包、手帕、手巾、丝巾、发带、小玩偶、云云鞋、剪纸等。他们联系茂县当地的绣娘进行绣品制作，然后将小产品送到汶川羌族旅游景点、成都宽窄巷子、锦里等实体店进行销售，因为具有地域民族特色而又精致小巧，所以比较受游客欢迎。这些小产品在学生自己开发的小程序上也有一定的销量，羌绣文化通过这一渠道得以传播。

在这个案例中，西南民族大学的新闻学子们在开设创意工作室的过程中，循环地将显性知识与隐性知识、书本知识与经验知识相互不断转化，并产生了经济效益与文化传播效果。

3. 大学生课外实践活动

高校为大学生搭建的实践（实习）平台则是大家分享隐性知识与经验知识的过程，在这个过程中，特定的实践环境能够让学生将学校教授的学术知识、显性知识与业界的隐性知识、经验知识汇聚在一起，大家又共同拥有一套话语体系（都是同一专业背景，例如新闻专业背景），可以互相交流理解，可以通过共同活动（比如一起采访、摄影摄像等）来体验相同的经验（比如如何拍摄效果更好）。这不是仅仅通过书本或语言就可以学习掌握的，而是要在实践中不断地通过观察、模仿、感悟等综合渠道才能达到掌握专业技能、实现显性与隐性知识多次互相转化并重构的目的。

以贵州民族大学传媒学院的暑期实践活动为例。

案例一：龙井村纪录片创作实践。

2021年7月19日，为期一周的贵州民族大学传媒学院2018级广播电视学专业"电视纪录片创作"实践教学改革课程，在花溪区青岩镇龙井村圆满收官。这次教学实践改革课程得到了龙井村的大力支持。

花溪区青岩镇龙井村是贵阳市新农村建设和乡村振兴的示范点，这里布依民族风情浓郁，依托这一优势，龙井村的乡村旅游和农村特色产业发展得很好。学生在这里进行纪录片创作实践，把镜头聚焦农业、农村、农民，可以获得在课堂上不能获取的素材和创作灵感。活动期间正值布依族传统的"六月六"节日，学生的创作内容得以更加丰富。

这次活动的指导老师介绍说，把课堂搬到龙井村可以达到两个初衷：一是让学生充分了解贵州脱贫攻坚、乡村振兴取得的巨大成绩，激发学生热爱家乡、热爱农村，毕业后投入乡村振兴建设的积极性；二是指导学生利用自己三年来学习广播电视新媒体的技术，教村民用抖音、快手、微视频等新媒体平台发布自己的农副土特产和乡村旅游信息，以期达到助力乡村振兴工作的目的。

在龙井村的每一天，同学们白天走访村民，深入田间地头，拍摄采访做调研，晚上整理素材笔记，熬夜撰写调研心得体会，发直播，忙得不亦乐乎。这次活动共创作完成了 4 部 15 分钟的乡村振兴题材电视纪录片；学生自办的新媒体"映目图文直播"进行了 5 天直播，共发文稿 195 条、图片 431 幅，参与直播人数达到 3.6 万余人次，点击率、点赞量达到 14 万多，扩大了贵州民族大学和花溪区青岩镇龙井村的影响力。

贵州日报天眼新闻客户端专门以《赞！贵州一高校把课堂搬到田间地头》为题报道了课程教学改革活动，获得 27 万多人次的点赞和浏览；龙井村村、支两委高度赞誉学生"工作积极认真，群众反应良好"，并商讨答应与贵州民族大学传媒学院共建创作实践基地，共同助力龙井村乡村振兴工作。

案例二：毕节两县融媒体中心实践。

2021 年暑期，贵州民族大学传媒学院组织 2020 级新闻传播大类 122 名学生一行赴毕节市纳雍县、织金县等地，开展为期 4 天的暑期媒体认知实践，让学生将课堂理论与业界实际联系，认识贵州县级融媒体中心建设现状，了解媒体背后工作运行情况。

传媒学院也希望通过本次实践实现另一项特殊目标：深入了解贵州作为脱贫攻坚主战场，基层媒体在脱贫攻坚战中发挥的"文军扶贫"作用，了解脱贫攻坚战中基层单位、基层干部战天斗地的感人事迹，了解贵州各族人民在全面小康道路上奔跑的身影。

全体师生在纳雍、织金两地融媒体中心工作人员的带领介绍下，分别参观了全景演播室、视频制作室、新媒体部办公室和新闻"中央厨房"等工作场所。据介绍，两个县级融媒体中心建设中借鉴人民日报"中央厨房"或其他省级媒体的融合路径，将广播电视台、网站、报刊、客户端、微信、微博等县域公共媒体资源进行科学整合，并且结合自身实际走上了一条特色融合发展之路。

经过与业界人士的交流探讨，学生们了解到了县级融媒体建设工作是如何推进的，以及怎样才能全力发展成为提笔能写、对筒能讲、举机能拍"一人全岗"的全媒体记者，做一个高举旗帜、守好政治担当、传播正能量思想的新闻人。

7月9日上午，为有效提高学生对新闻实务课程的应用能力，全体同学在融媒体中心记者带领下到织金县平远古镇进行新闻采编"实战演练"，中心记者对同学们使用摄像机、摄影机等器材进行了指导，在电视新闻拍摄、采访的技巧方面进行了现场教学，让同学们全程参与完成新闻的采编播工作。

7月6日至7月9日为期4天的暑期社会实践，学生们在带队老师指导下将实践全程在新媒体平台进行了图文直播。学生"主播"们以视频、图片、文字等方式踊跃参与到平台分享中，将每天的实践活动在平台中实时展示，共发了385条图文消息，点击率破万，点赞量超过3.5万。图文直播取得意外成果，截至暑期社会实践结束，该数据依旧在实时增加，在校内外都引起关注与热议，学院领导、教师和两地融媒体中心记者也参与到了直播互动中。

上述第一个案例是学生们在学院的创作实践基地龙井村进行

的显性知识与隐性知识不断转化并产生传播效果的校外实践活动；第二个案例则是毕节各县融媒体中心的记者编辑们与学生分享业界的隐性知识与经验知识的过程，学生将学校教授的学术知识、显性知识与业界的隐性知识、经验知识融汇在一起。因为学生与融媒体平台的工作人员们共同拥有一套新闻话语体系，能够互相交流理解，学生们在融媒体平台的具体实践中可以不断地通过观察、模仿、感悟等达到掌握新媒体传播要领的目的。

二、他山之石——"产-学-研-用"典型个案的分析与思考

他山之石可以攻玉，艺术学科与文化产业紧密相关而又与新闻传播毗邻（在某些研究领域呈现交叉重合态势），因此本节选取了西南民族大学艺术学院2021年本科生的毕业设计案例进行分析，这对于西部地区新闻传播教育界如何发挥对文化产业发展的协同创新作用，会有一定的启示作用。

西南民族大学位于四川省成都市，该校的若干学科都本着教学科研要为当地经济社会发展服务的宗旨，西南民族大学艺术学院就是其中一例，近年来毕业生的毕业设计紧紧围绕"西部文化产业与文创产品"展开。

该院学生近年来的毕业设计在本院指导老师的引导下，大都与"西部特色民族文化资源的开发与利用"紧密相连。窥一斑而

知全貌，笔者于 2021 年 5 月 15 日去西南民族大学艺术学院参观 2017 级设计系本科生的毕业设计展。这次展出的作品紧扣西部地区各民族特色而设计产品，真正达到了"产－学－研－用"一条线的无缝对接：毕业生们首先是对自己的毕业设计选题进行调研，然后着手进行设计，他们将对各民族文化的理解通过设计的民族特色手工艺品来展现和诠释，这对西部各民族文化的传承与传播起到了很好的桥梁作用。

以下为笔者在现场拍摄到的毕业设计作品，如图 3-1 至图 3-5 所示。

图3-1 对羌族文化的卡通形象展示与产品设计应用（装饰画、礼品袋、一次性纸杯、明信片、书签、胸针、枕套等）

图3-2 对苗族文化的产品设计应用（书签、明信片、枕套、小首饰等）

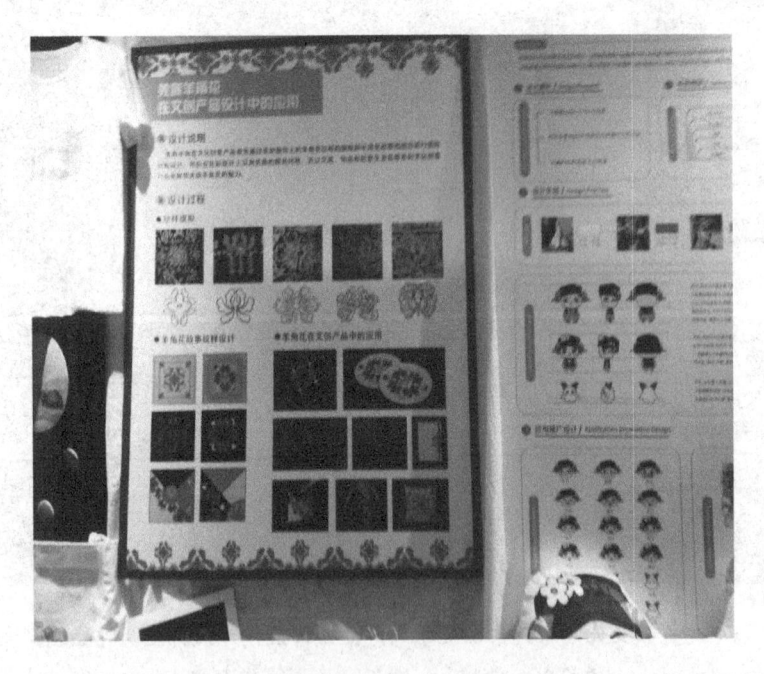

图3-3 羌族羊角花图案在文创产品设计中的应用思路展示及部分实物产品

图3-4 围绕凯里文化设计的书签、钥匙链、手机壳、T恤、杯子、手袋、礼品袋等

图3-5 对藏族唐卡艺术的"落地"设计（从茶叶罐、礼品盒与礼袋到胸针等小手工产品上都印有唐卡图案，这对藏区文旅产业中的文化商品开发具有很好的启发作用）

笔者随机询问了几个在场毕业生毕业设计和就业的情况，他们告诉笔者在启动毕业设计工作后一般要查阅文献资料敲定选题，然后去实地调研寻找灵感和素材，时间为1~3个月不等，之后自己的设计研发制作一般都需要3个月左右甚至更长的时间。至于工作去向，他们可以去广告装潢公司做设计，也可以在某个大型工作室打工磨炼，也可以自己开个小工作室（类似小作坊）搞小设计，还可以去中小学或幼儿园当美术老师（他们中有些人已经考了教师资格证），另外也有同学在某些辅导培训机构当美术老师。

西南民族大学艺术学院的毕业设计别具一格，带有浓厚的"产－学－研－用"特点，其给新闻传播学专业带来的启发与思考如下。

现在新闻传播学专业作为应用学科之一，以毕业设计取代毕业论文的呼声在全国此起彼伏，深圳大学新闻传播学院的毕业设计已经成为全国诸多新闻传播学院的榜样，而在四川省内，成都体育学院新闻传播专业的毕业设计搞了20多年，也已经成为四川各个高校新闻传播学院取经的对象。

笔者认为，新闻传播教育界应该在本专业毕业生中大力倡导毕业设计（这相当于开展一次意义重大的中短期"产－学－研－用"活动），毕业设计可以结合自己学院的办学特色（例如财经新闻院系偏重经济新闻传播、体育新闻院系偏重体育新闻传播、外语传播院系偏重国际新闻传播、民族新闻院系偏重民族文化传播等)、所处省市的地方文化传统、自己家乡的某些特点以及自己特殊的兴趣爱好或者实习经历等进行创意设计。毕业生们在认真完成毕业设计的全过程中既能提升自己的新闻专业素养和业务水平，又能加深对某一类问题的理解，这对于以后从事泛媒体工作或文化创意工作大有裨益。

学生的毕业设计本身就是将在大学期间学到的理论知识和显性知识，与选题确立后在调研中得到的隐性知识相互转化、不断重构，最后达到显性知识与隐性知识都得以增值、应用能力得以提升的学以致用的过程。

三、总结思考

高等院校教育的首要任务是为社会培养输送（专）本、硕、博人才，西部文化产业走廊区域内的各高校就是为当地的经济社会发展（其中包括西部文化产业走廊的建设）培养适销对路的人才，而新闻传播教育界就是为当地培养新闻传播与文化创意人才，这是新闻传播教育界对西部文化产业走廊的长期协同创新传播作用，因为培养人才是相对漫长的过程，就算是培训西部文化产业走廊区域内现有的工作人员也需要花费一定的时间。

而新闻传播教育界对该走廊的中短期协同创新传播作用就是整合该走廊区域乃至更广阔地域内的资源，与各种创新主体展开合作，共同建立实习基地（中长期合作）或共同举办短期的

"产－学－研－用"活动，以此来开阔学生们的眼界、提升学生们的业务实践能力，为其将来能顺利成长为社会所需的新闻传播与文化创意人才打下良好基础。

西部文化产业走廊区域内的新闻传播教育界应该为学生提供多渠道学习、实习的机会，要打破以往的封闭状态而奉行开门办学模式，学会将各类创新主体的各种资源加以整合利用（这是打破各个创新要素壁垒的有效尝试），为人才培养探索协同创新模式。

新闻传播教育界本身也要适应经济社会发展的需要，努力培养跨界人才，例如西南民族大学新闻传播学院培养的研究生阿侯尔里毕业后成功跨界，做了凉山歌舞团的节目主持人，还曾主持过央视春晚的凉山分会场。

近年来，高校毕业生严峻的就业形势倒逼着新闻传播教育界的教学改革，无论具体的本硕培养方案如何设计与执行，笔者认为今后改革的大方向都应该是：努力拓宽新闻专业大学生的知识面，利用各种机会开拓该专业大学生的眼界，例如利用寒暑假的部分时间带学生们进行实地考察与实习实践；新闻传播专业教学的创新之处在于引导学生在生活与实践中发现问题、探索问题、解决问题（设置议题走出课堂），努力实现产学研互动；在新闻传播专业课堂上加强实践教学的分量，应将学生的实战能力培养、社会适应过程尽可能代入课堂的情境模拟教学中，而不是让学生到毕业前才单枪匹马地应对社会——注重实践教学可以减少学生学习的盲目性，增强学生的市场适应力与竞争力。

在该走廊区域内，各个地方院校的新闻传播教育界培养人才就是要从本土化的新闻传播教育出发，立足于当地环境，努力挖掘整合各种资源而开展一系列"产－学－研－用"活动，应该以当地的经济、社会、历史文化渊源等作为重要的教育内容，使学生从深入某地进行考察调研从而了解此地的风土人情、经济文化发展等基本情况开始，在细微处有所发现，学会体察民情，学着用自己的笔头和摄像头去捕捉专业媒体无暇顾及或深入但有新闻价值或文化传播价值的着力点，进而打磨成自己的作品，在老师、学院、当地媒体和某些文化企业的指导帮助下通过公开传播渠道（例如院报、校报、学校网站、传统媒体或新媒体平台、企业泛媒体平台等）发表，在引发关注的同时也可以直接或间接地为当地的"藏羌彝文化产业"发展和中央层面的战略部署提供可靠的信息或者可行的建议，从而有效促进地方环境的改善。

第四章

新闻传播业界的核心层——传统主流媒体和新媒体协同创新传播作用

Research on the synergistic innovation effect of news communication on western cultural industry

本书把新闻传播业界分为核心层、关联层和外围层。新闻传播业界的核心层即第一方阵是传统主流媒体和新媒体；新闻传播业界的关联层即第二方阵是副刊和影视（影像）；新闻传播业界的外围层即第三方阵是各类文化传播实体。新闻传播业界的主要任务就是向社会随时传递各种信息与各类事物的发展变动情况，以及在铺天盖地的信息传播网络中长期进行先进文化传播与社会主义价值观的传输。

研究者假设，新闻传播业界的协同创新传播作用在于新闻传播各个方阵协同整合而达到广而告之、广泛进行社会动员、广泛凝聚社会共识的作用——"在人们可以探讨或解决问题之前，他们必须先知道全国性的、区域性的和本地的媒介所提供的信息和事实"。[①]

本章将重点分析研究新闻传播业界的核心层，即传统主流媒体和新媒体对西部文化产业走廊的协同创新传播作用。

---

① 瑟韦斯，等. 发展传播学[M]. 张凌，译. 武汉：武汉大学出版社，2014.

第一节　传统主流媒体的协同创新传播作用

　　新闻传播业界的第一方阵就是专业媒体的新闻报道（中央级、省级、地市级媒体的相关新闻报道），自2014年3月《藏羌彝文化产业走廊总体规划》出台伊始（"西部文化产业走廊"最先是四川省提出的设想，后来才上升为一项国家战略，因此地方媒体和中央媒体在专项政策出台前都有过零散报道）到2020年年底中期规划结束之时，传统主流媒体为跨越西部七省的"藏羌彝文化产业走廊"发展起到了重要的宣介作用。在宣介功能的基础上，研究者还想探寻这些媒体的报道都能起到哪些协同创新传播作用。

　　出于宣介效果的影响力和研究方法两方面考虑，我们选取了《人民日报》《光明日报》《中国文化报》三家中央级纸媒作为考察对象。

一、研究方法

从本节的研究目的出发，笔者主要采用了定性内容分析法[①]。这是因为，不同媒体对西部文化产业走廊报道的角度会存在若干不同，识别这些差异需要仔细研读并带着研究者自己对每一阶段国家政策、基本国情、社会大形势等方面的局限性理解。另外，关于西部文化产业走廊的报道在各级媒体中数量都不是很多，因此研究者可以对特定的文本仔细研读并形成自己的描述与诠释。

塔奇曼在其《制造新闻》(*Making News*)一书中指出，新闻媒体就像一扇窗户，既能通过制造新闻（打开窗户）来帮助人们认知外界环境，却又通过新闻报道（窗户）的框架去限定人们认知世界的边界，这就是"新闻框架"。新闻框架的大小、左右、角度皆会对人们产生影响，其会不断地通过强调和放大某些社会议题或弱化、淡化、忽略另外一些议题的方式去过滤社会现实，而最终让人们看到的是经过媒介建构的外部世界。新闻框架必然要通过一些具体的文字或者画面来实现，这是运用内容分析法能够识别它的一个重要前提。

框架理论是分析形象呈现和再现的一个重要理论依据，最初从定性分析开始。戈夫曼（1974）从心理学和社会学的角度来定义和解释框架理论。在《框架分析》(*Frame Analysis*)一书中，

[①] 彭增军. 媒介内容分析法[M]. 北京：中国人民大学出版社，2012.

他首次将框架定义为"人们用来认识和解释社会生活经验的一种认知结构,它能使它的使用者定位、感知、确定和命名那些看似无穷的具体事实"。

运用内容分析来识别媒介文本的新闻框架有两种方法:一是定性归纳研究,即从文本本身来提取框架类目,这种研究的缺点在于研究者的样本有局限性,由此得出的框架适用范围也就有限;二是从既有理论中来,在分析之前根据以往的理论文献确定框架类目。

本研究采用第二种新闻框架识别方法,主要依据的是美国政治传播学者们的提法,一是贝纳特等提出的功能理论分析框架,二是伊杨戈尔等提出的三种新闻框架。功能理论分析框架分为有关政策的框架(这是对事的框架,包括过去的政绩、未来的计划或比较综合的概述)和有关个人的框架(这是对人的框架,包括个人品质、领导才能、价值观);新闻框架则被分为事件框架(指具体新闻事件的报道)、主题框架(关于新闻事件的背景和所解释的问题,通常是通过社会大环境和相关数据来进行确定)和故事主题框架(指一篇新闻报道往往是事件框架和主题框架同时存在)。①

本章在构建内容分析类目时把新闻报道的功能框架分为政策和个人两大类,而新闻框架则分为事件框架、主题框架和故事主题框架。

---

① 彭增军. 媒介内容分析法 [M]. 北京:中国人民大学出版社,2012.

二、研究步骤

因为纸媒的主要表达方式是书面文字，方便阅读与查询，所以本课题组选择有代表性的中央级纸媒、省级日报以及地市级党报作为新闻媒体的调查总体，采用定性内容分析法，在立意取样后通过扎根理论构建类目，采用框架分析理论对相应资料进行解读。

值得说明的是，在当今早已报网融合的背景下，本课题组在查阅纸媒时借助的也是在这些选定的报纸电子版上查询往期内容，通过这些报纸的电子版资源，还可以在各个报纸数据库中以"藏羌彝文化产业""西部文化产业走廊"为关键词进行查询，这样既减少了时间损耗，也免去了因为图书馆保存的纸版内容不全带来的种种不便。

1. 研究问题

本章主要研究的是中央级媒体、西部文化产业走廊区域的7家省级媒体、该走廊区域若干家地市级媒体的新闻报道对西部文化产业走廊的发展都起到了哪些作用。

2. 切入视角

本章在框架分析视角下对各级媒体的相关新闻报道进行分析，并在框架识别基础上构建类目。

3. 样本

本课题组以 2014 年 3 月～2021 年 5 月为期，选取《人民日报》《光明日报》《中国文化报》三家中央级纸媒作为样本。

4. 分析单元

本章以上述媒体对"西部文化产业走廊"的每篇新闻报道作为一个独立的分析单元。

5. 建立类目

本章类目建立遵循穷尽、互斥和独立这三大原则，在构建类目的时候，按新闻报道的显性框架[①]（题材、体裁、报道倾向、信息源、报道视角）、新闻框架（事件框架、主题框架和故事主题框架）、报道的功能框架三大类进行具体构建。

（1）新闻报道的显性框架具体分为题材和体裁（新闻题材和体裁的占比大小）、媒体的报道倾向（正面、中性、负面）、信息

---

① 显性框架是指新闻报道呈现的显性的文字特征，如新闻题材、体裁、篇幅等，这些显性特征通过浅层次阅读就能很快识别，而隐性的文字特征是指隐含在字里行间的报道主题、隐喻等，这需要进行深层次阅读去识别。

源（是由官方还是民间机构或是个人提供）和报道视角（宏观视角、中观视角、微观视角）。

（2）新闻框架分为事件框架、主题框架、故事主题框架三种。

（3）报道的功能框架分为两类。有关政策的框架，具体分为三小类：过去某一阶段的政绩、未来的计划（规划或展望）、比较综合的概述。有关个人的框架，也分为三小类：个人品质（对民族文化传承或特色产业脱贫有特殊贡献的个人，例如专家学者、非遗传承人、乡村振兴中得以使自己与其他人生活境遇改善的某位能人）、领导才能（各级官员以及村干部）、新闻报道传递的价值观[①]。

6. 编码

编码主要由负责内容分析的研究者们通过反复阅读和不断讨论来确定。

7. 回归文本

本课题组对所有样本都进行了编码，并且不断地在文本阅读和讨论中进行检查修正。由于选取的三家中央级纸媒报道的侧重点不同，因此编码者对上述类目采取了灵活处理，在编码过程中

[①] 例如科学发展理念、创新理念、各级干部从以前"输血式"的扶贫观念转变为"自我造血式"的扶贫观念、贫困群众从以前的"等靠要"观念转变为自我发展的脱贫观念、在扶贫中先扶志向与智慧的观念等。

不一定面面俱到。

8. 诠释结果

对内容分析的最后类型进行汇总，并对呈现的趋势、形态、特点进行描述、分析和诠释。

三、中央级纸媒协同创新传播作用分析——以《人民日报》《光明日报》《中国文化报》为例

《人民日报》是中国共产党中央委员会的机关报，其内容涉及中国的政治、经济、文化等领域，是最具有权威性的党报；《光明日报》是由中共中央主办，面向全国广大知识分子的大报，具有相当强的思想性；《中国文化报》是文化与旅游部主管的官方日报，内容涉及国家及地方文化发展等领域，在文艺界享有很高的声誉。

本节选取三家中央级纸媒在2014年3月~2021年5月与"藏羌彝文化走廊"相关的新闻报道。之所以选择这七年时间内相关的报道进行研究，是因为《藏羌彝文化产业走廊总体规划》的文件是在2014年3月5日颁布的，在这个时间点之后，围绕该规划实施进展的新闻报道不断发布。而2021年是全面建成小康社会，决胜脱贫攻坚胜利后的第一年，上半年正是总结"十三五"时期成果的阶段，有关该走廊区域文化发展与脱贫攻坚成绩的报

道都会集中出现。

我们利用这三家报纸的电子数据库，以"藏羌彝""藏族""羌族""彝族"作为关键词进行检索，将检索范围设定为"全部"（包括标题与正文）。通过检索并逐一筛选三家报纸数据库中的相关新闻报道，得到有效样本共416篇。

1. 对《人民日报》样本的描述与解释

（1）描述。

研究者在《人民日报》数据库中以"藏羌彝文化产业走廊"为关键词检索到147篇文本，对147篇文章的主题进行再归纳，梳理出六大主题：脱贫攻坚主题（共82篇），细分为精准扶贫30篇、扶贫人物18篇、特色产业脱贫15篇、东部对口支援8篇、电商扶贫6篇、灾区重建2篇、三农问题2篇、健康扶贫1篇；民族文化推介主题（共36篇），细分为特色民族文化资源介绍14篇、文化资源保护工作9篇、特色民族文创产品介绍6篇、非遗传人4篇、少数民族医药传承2篇、抗疫1篇；国家领导人调研指示以及相关政策等10篇；经济发展成就主题9篇；民族文化与境外、国外的文化交流主题6篇；少数民族教育主题（共4篇），细分为基础教育4篇、高校产学研活动0篇。在上述这些文章的叙事框架中，主题框架第一、故事主题框架第二、事件框架第三。新闻体裁139篇、文学体裁（杂文）8篇（在副刊园地刊出），在新闻体裁中，一般通讯（94篇）占绝对优势，消息（30篇）居于第二，新闻评论（述评）7篇、特写5篇、调查报告3篇。

（2）解释。

①主题分析。

从文章主题来看，脱贫攻坚类主题的比重远高于其他主题，这与"十三五"规划期间全国工作的重中之重是脱贫攻坚的实际情况正相符。脱贫攻坚的大主题下，次主题依次是"精准扶贫、扶贫人物、特色产业脱贫、东部对口支援、电商扶贫、灾区重建、'三农'问题、健康扶贫"，从2013年起国家倡导精准扶贫，2015年11月召开的中央扶贫开发工作会议更是把精准扶贫作为今后扶贫工作的重要抓手，要求精准到户、精准帮扶每一户贫困户，因此"精准扶贫"次主题在脱贫攻坚大主题下位居第一正符合实际扶贫工作的要求；脱贫攻坚需要各路人马贡献力量，扶贫人物在这场攻坚战中起到的是非常重要的作用，因此，"扶贫人物"次主题在脱贫攻坚大主题下位居第二正符合实际情况；西部少数民族地区脱贫的有效途径是利用各种特色产业脱贫，因此，"特色产业脱贫"次主题在脱贫攻坚大主题下位居第三；在脱贫攻坚战中，东部省份的对口支援、全国大牌电商对西部农副产品的包销也起到了积极帮扶作用，而西部的灾区重建、"三农"问题、健康扶贫等问题也需要关注并得以解决。从次主题的排序来看，《人民日报》关注的也正好是现实生活中脱贫攻坚涉及的方方面面情况。

民族文化类主题是第二大主题，次主题依次是"特色民族文化资源介绍、文化资源保护工作、特色民族文创产品介绍、非遗传人、少数民族医药传承、抗疫"，这也正符合该走廊区域里要先知晓了解特色民族文化资源，再进行保护与开发的逻辑顺序，非遗传人对于文化资源的保护与传承起着重要作用，因此媒体也予以关注。在持续反复的疫情期间，少数民族医药发挥了预防优势（例如藏药），而少数民族医护人员也做出了抗疫贡献，因此，《人民日报》也对这两方面情况给予了关注。

对于该走廊地区的脱贫以及经济社会文化发展等方面，国家领导人调研并做出的相应指示有着重要指导意义，而各省政府推出的相关政策对当地发展有着重要作用，因此，《人民日报》对这方面动态给予了充分重视。

无论是《藏羌彝文化产业走廊总体规划》的近期阶段还是中期阶段，都涉及该走廊区域的各省市经济发展取得阶段性成绩，因此，《人民日报》对这些成绩给予了充分肯定与宣传，起到鼓舞人心的作用。

西部各个少数民族文化不但要主动走出去，让全国人民了解，而且在"一带一路"的历史机遇中还要主动走向全世界，让各国民众知晓。全球化背景下，世界文化交流日益频繁，我国该走廊区域的少数民族文化也要主动加强对外交流，这样才能为本民族文化的传承发展注入更多活力与动力。《人民日报》对这些文化交流活动也给予了很多关注。

在少数民族教育主题中，该走廊各省少数民族地区的基础教育受到《人民日报》的重视，而高校的相关产学研活动没有得到足够的关注，这可以理解为《人民日报》更侧重于民族地区基础教育的积极作用——能够有效阻断贫困的代际遗传，而基础教育的发展也能促进当地的经济社会发展。

②报道框架分析。

在上述文章的叙事框架中，主题框架第一、故事主题框架第二、事件框架第三。媒体关注的重要议题也是国家政策当前重点关照的议题，而媒体通过对重要新闻议题的强调会成功引导（框限）大众去关注这些议题，从而成为公众关注的社会议题。从"十二五"到"十三五"规划期间，脱贫攻坚、减少社会的贫富两级分化、缩小东西部地区的巨大差距，这都是国家政策关注的重点议题，自然也是媒体关注的主题，因此，《人民日报》的相关报道中主题框架数量最多，将主题与故事相结合的故事主题框架其次，一事一报的事件框架数量最少。

③文章体裁分析。

与"藏羌彝文化产业走廊发展"相关的报道或多或少都带有文化色彩，一般通讯因为文体篇幅比较长，文字比较自由，允许运用文学表现手法等特点，所以在这些报道中居于首位；动态性的事件需要消息及时进行发布，因此消息位居第二；新闻评论、特写、调查报告聚焦于该走廊区域内的某些特定情况，数量较少。

2. 对《光明日报》样本的描述与解释

（1）事件框架。

①描述。

梳理出4大类新闻主题，共55篇。脱贫攻坚类主题7篇；政策类主题6篇，其中国家政策（计划）5篇、省部级政策（政策执行）1篇；民族文化类主题41篇，其中文艺作品介绍5篇、文化保护3篇、文化交流3篇、文旅融合2篇、文化建设9篇、文化节庆8篇、民族特色文化6篇、文艺表演4篇、文化经济合作类1篇；经济成就类主题1篇。新闻体裁中消息26篇、通讯23篇、调查报告2篇、专访1篇，文学体裁（杂文）3篇。头版4篇，其他版51篇。

②解释。

第一，主题分析。

在《光明日报》事件框架的相关报道中，民族文化类主题居首位，政策类主题与脱贫攻坚类主题数量相近，经济成就类主题数量偏少。这体现出该报在报道"藏羌彝文化产业走廊"相关情况时侧重于文化报道。次主题的前三名分别是文化建设类、文化节庆类、民族特色文化类，第四位是文艺作品介绍，第五位是文艺演出，第六位是文化保护与文化交流（并列），第七位是文旅融合，末位是文化经济合作。这说明《光明日报》的报道偏重于民族文化的建设进程与民族文化的推广介绍，而文旅融合与文化经济合作等属于文化经济范畴，这不是《光明日报》在报道"西部文化产业走廊"相关情况时的侧重点。

第二，体裁分析。

在报道"藏羌彝文化产业走廊"相关情况时，该报新闻体裁中，一事一报的动态消息居首位，其次是细节较多、写作手法灵活的事件通讯，调查报告与人物专访属于深度报道范畴，数量偏少。杂文只是新闻体裁的有益补充。

第三，版面分析。

《光明日报》头版有4篇相关报道——《瓦尔俄足节展现羌族文化》《吉狄马加获剑桥徐志摩诗歌节"银柳叶诗歌终身成就奖"》《书写西南边地隐秘历史 冯良新作〈西南边〉广获好评》《特色小镇旅游助力云南旅游转型升级》，第一篇是民族节庆主题，第二、三篇都是文艺作品介绍主题，第四篇是文旅融合主题，这四篇都是民族文化类主题下的次主题。从其中也可以看出，《光明日报》在报道"西部文化产业走廊"相关情况时比较注重文化报道。

（2）主题框架。

①描述。

梳理出4大类新闻主题，共87篇：脱贫攻坚类主题37篇；政策类主题5篇，其中省部级政策（政策执行）4篇、国家政策（计划）1篇；民族文化类主题37篇，其中文化保护7篇、文化建设6篇、特色产业5篇、民族文化4篇、文创产品4篇、专家解读4篇、文艺作品3篇、产学研3篇、文旅融合1篇；经济类主题 8 篇，其中经济成就类 7 篇、经济合作类 1 篇。

新闻体裁 82 篇，其中通讯 54 篇、述评 13 篇、调查报告 8 篇、消息 5 篇、专访 1 篇、新闻评论 1 篇；文学体裁（杂文）5 篇。头版 9 篇，其他版 78 篇。

②解释。

第一，主题分析。

在《光明日报》主题框架的相关报道中，脱贫攻坚类与民族文化类主题并居首位，政策类主题与经济类主题数量相近，都不到 10 篇。可见，该报在报道"藏羌彝文化产业走廊"相关情况时同样侧重于文化报道，但在"十三五"规划期间脱贫攻坚是社会的主要议题，因此该报的主题框架中自然也要突出脱贫攻坚主题。

在民族文化类的次主题中，文化建设与文化保护类并居首位，其次是特色产业，民族文化、文创产品、专家解读类并列第三，文艺作品与产学研类并列第四，文旅融合类数量最少。由此可见，《光明日报》在报道"藏羌彝文化产业走廊"相关情况时侧重于民族文化建设、文化保护、特色文化产业、专家意见等次主题，文旅融合类次主题属于经济范畴，不作为关注重点。

第二，体裁分析。

在主题框架的文本中，新闻体裁占绝对优势，而文学体裁（杂文）数量略有上升，同样是对新闻体裁的有益补充。在主题框架文本中，写法比较灵活、可以加入记者感想和评议的通讯占新闻体裁的主导地位（54 篇），其次是叙述与评议相结合的新闻述评（13篇），在某一主题下深入挖掘的调查报告（8篇），平时占"新闻报道主角"的消息在这里只有5篇，这与消息是站在"第三者"立场上客观叙述的新闻体裁有关。人物专访和新闻评论各有1篇，只是对其他体裁起到补充作用。

第三，版面分析。

在主题框架文本中，头版报道有9篇：《脱贫攻坚带动贵州大踏步前进》《大凉山易地搬迁：搬出生活新天地》《走阿坝 看千年巨变——四川省阿坝藏族羌族自治州发展成就综述》《把学问写在祖国大地——社科领域专家学者暑期国情调研侧记》《贵州毕节试验区30年奋斗拔穷根》《楚雄栗子园社区：广场跳起民族团结舞》《生态脱贫看毕节》《沧桑巨变 铭记党恩》《西藏文化产业逐步成发展新支撑》，其中6篇报道与脱贫攻坚直接相关，其他3篇是产学研、民族团结、少数民族文化产业方面的内容，也是当前社会的热点议题。

（3）故事主题框架。

①描述。

第一，主题。

梳理出4大类新闻主题，共53篇：脱贫攻坚类主题28篇，其中脱贫攻坚事件22篇、典型人物报道6篇；政策类主题1篇；民族文化类主题20篇，其中文化建设5篇、特色产业4篇、文艺作品2篇、文旅融合2篇、文化保护2篇、民族文化2篇、非遗匠人2篇、产学研1篇；经济大类4篇，其中经济成就类3篇、经济合作类 1 篇。

第二，体裁与版面。

新闻体裁 51 篇，其中消息 0 篇、通讯 47 篇、报告文学 1 篇、专访 2 篇、述评 1 篇，文学体裁（杂文）2 篇；头版 11 篇，其他版 42 篇。

②解释。

第一，主题分析。

在民族文化类主题中，次主题的第一、二名分别是文化建设类、民族特色产业类，文艺作品、文旅融合、文化保护、民族文化、非遗匠人并列第三，产学研次主题 1 篇。这说明《光明日报》在报道"藏羌彝文化产业走廊"相关情况时，在故事主题框架下偏重于民族文化的建设进程与特色产业的推广介绍，而对文艺作品、文旅融合、文化保护、民族文化、非遗匠人类也有侧重，但对产学研（偏向经济范畴）关注不多。

第二，体裁分析。

在报道"藏羌彝文化产业走廊"相关情况时，文学体裁（杂文）依然是新闻体裁的有益补充，报告文学因为是纪实作品，所以在这里归入该报新闻体裁中。在故事主题框架下，比较富有文字表现力又能表达记者感想与评议的通讯居绝对优势，报告文学、专访、述评都只是零星的补充。

第三，版面分析。

在报道"藏羌彝文化产业走廊"相关情况时，《光明日报》头版有 11 篇相关报道：《"三区三州"旅游大环线推介活动在甘肃举办》《藏羌彝文化产业项目在滇推介》《西部文化产业走廊展聚焦非遗》《藏族文化（玉树）生态保护实验区颁牌设立》《青海将加强汉藏文化交流项目建设》《"西部文化产业走廊建设巡礼"贵州区域报道启动》《第七届西部文博会突出丝路文化交流》《好规划重在落实》《藏羌彝特色文化产业扬帆起航》《文化部、财政部发布〈西部文化产业走廊总体规划〉》《"西部文化产业走廊建设巡礼"四川启动》，都是人们所关注的西部文化产业走廊的动态进展。

3. 对《中国文化报》样本的描述与解释

（1）事件框架。

①描述。

梳理出 3 大类新闻主题，共 43 篇。

第一，主题。

政策类主题：国家政策（解读）4 篇、省部级政策（计划）9 篇，共 13 篇。民族文化大类：文化交流 11 篇、文化节庆 4 篇、文艺表演 4 篇、文化保护 4 篇、文化创新 2 篇、文化建设 1 篇、文艺作品 1 篇，共 27 篇。经济大类：经济成就类 0 篇、经济合作类 3 篇。

第二，体裁与版面。

新闻体裁43篇，其中消息25篇、通讯15篇，述评3篇；头版12篇，其他版31篇。

②解释。

第一，主题分析。

在报道"藏羌彝文化产业走廊"相关情况时，《中国文化报》的事件框架文本中，民族文化类主题居于首位，第二是政策类主题，第三是经济类主题。这符合该报自身的定位——以报道文化为主旨，涉及相关的政策、经济情况。

而在民族文化类主题中，次主题的第一位是文化交流，文化节庆、文艺表演、文化保护并列第二，第三位是文化创新，第四位是文化建设和文艺作品。这说明《中国文化报》在报道"藏羌彝文化产业走廊"发展时，在事件框架下侧重点依次是民族文化的交流动态，文化保护、节庆、文艺表演动态，文化创新进展，文化建设动态与文艺作品的推广介绍。

第二，体裁分析。

在报道"藏羌彝文化产业走廊"相关情况时，《中国文化报》在事件框架下，以一事一报的消息为主导，可以运用文学手法的通讯也是重要新闻体裁，有记叙有评议的述评则是作为有益的补充。

第三，版面分析。

在报道"藏羌彝文化产业走廊"相关情况时，《中国文化报》

在事件框架下，头版有 12 篇相关报道：《藏族文化（玉树）生态保护实验区颁牌设立》《藏羌彝文化产业走廊展聚焦非遗》《"藏羌彝文化产业走廊建设巡礼"贵州区域报道启动》《青海将设藏族文化生态保护实验区》《青海将加强汉藏文化交流项目建设》《藏羌彝文化产业项目在滇推介》《"三区三州"旅游大环线推介活动在甘肃举办》《"藏羌彝文化产业走廊建设巡礼"四川启动》《文化部、财政部发布〈藏羌彝文化产业走廊总体规划〉》《好规划重在落实》《藏羌彝特色文化产业扬帆起航》《第七届西部文博会突出丝路文化交流》。这些内容都是"藏羌彝文化产业走廊"区域各省推进相关民族文化产业发展的重要动态，所以该报在头版予以关注。

（2）主题框架与故事主题框架。

①描述。

第一，主题。

因为主题框架和故事主题框架文本数量较少，报道框架中都有"主题"，所以在此将其合并后加以分析，梳理出 4 大类新闻主题，共 32 篇：脱贫攻坚类主题 6 篇，其中脱贫攻坚工作 4 篇、目前存在的问题 2 篇；政策类主题 1 篇（省部级政策、计划）；民族文化大类 21 篇，其中文旅融合 9 篇、文化保护 3 篇、非遗匠人 3 篇、文艺演出 2 篇、专家解读 2 篇、文化创新 1 篇、文艺作品 1 篇；经济成就类 4 篇。

第二，体裁与版面。

新闻体裁32篇，其中消息1篇、通讯17篇、专访1篇、述评12篇、特写1篇；头版11篇，其他版21篇。

②解释。

第一，主题分析。

在《中国文化报》的主题框架与故事主题框架文本中，民族文化类主题居首位，第二是脱贫攻坚类主题，第三是经济类主题，第四是政策类主题。《中国文化报》在报道"藏羌彝文化产业走廊"相关情况时，民族文化类主题依然是其最关注的，脱贫攻坚类主题是"十三五"规划期间社会普遍关注的重要议题，因此在该报的主题框架与故事主题框架文本中也是侧重点；经济类主题在主题框架下得以聚焦四川、贵州在该走廊建设中依托文化产业取得的经济成就，而政策类主题不是该报报道的重点，这与《中国文化报》的定位一致。

在民族文化类主题中，次主题第一位的是文旅融合，第二是文化保护与非遗匠人（并列），第三是文艺演出与专家解读（并列），第四是文化创新与文艺作品（并列）。

第二，体裁分析。

在报道"藏羌彝文化产业走廊"相关情况时，《中国文化报》无论是在主题框架还是故事主题框架下，比较富有文字表现力又能表达记者感想与评议的通讯都占主导地位，其次是叙事加评议的述评，消息因为是以客观叙述为主要特点的新闻体裁，所以在这两个框架下，与专访、特写一样都只是零星的补充。

第三，版面分析。

在报道"藏羌彝文化产业走廊"相关情况时，《中国文化报》在主题框架和故事主题框架下头版共有 11 篇相关文本：《嘎伦：敲响藏鼓，敲开致富大门》《西藏林芝：为非遗保护量体裁衣》《让藏区群众感受文化的温暖》《文旅兴川风正劲——四川加快建设文化和旅游强省》《见证中国扶贫路上的奋斗故事与国家温度》《深度贫困地区文旅扶贫新探索》《藏医学：雪域高原的明珠》《山南：藏源之地因文化而兴》《贵州毕节："双轮驱动"效应正显现》《在特色文化产业希望的田野上》《藏羌文化铺就阿坝文化旅游发展之路》，都是反映该走廊区域内各民族地区通过发展特色文化产业脱贫的情况。

四、归纳总结

本节对《人民日报》《光明日报》和《中国文化报》的"藏羌彝文化产业走廊"相关报道进行了定性内容分析，从分析中可以发现这三张报纸各有侧重点和报道特色。

1. 报道主题

脱贫攻坚主题是《人民日报》（共 82 篇报道）最为关注的，该报对精准扶贫、扶贫人物、特色产业脱贫、东部省份的对口支援、电商助农、灾区重建、"三农"问题、健康扶贫等问题都给予了重视；其次是《光明日报》（共72篇报道），对"藏羌彝文化产业走廊"区域内各省、各民族地区的脱贫进展、扶贫与被扶贫人物（命运在扶贫中得以改变）都有所关注，相比而言，《中国文化报》对脱贫攻坚主题关注较少（共有7篇相关报道）。

民族文化类主题是《光明日报》（共98篇报道）最为关注的，其次是《中国文化报》（共48篇报道），最后是《人民日报》（共42篇报道）。《光明日报》侧重文化建设、文化节庆、民族特色文化、文艺作品、文艺演出、文化保护与文化交流、文旅融合、特色产业、文创产品、专家解读、产学研等次主题；《中国文化报》侧重文旅融合、文化交流、文化保护、非遗匠人、文化节庆、文艺演出、专家解读、文化创新等次主题；《人民日报》侧重特色民族文化、文化资源保护、特色民族文创产品、非遗传人、少数民族医药传承、抗疫、西部民族地区基础教育等次主题。三家媒体中，《光明日报》比较关注产学研情况，《中国文化报》比较关注文化创新情况，《人民日报》比较关注少数民族医药传承和西部民族地区基础教育发展的情况，各有侧重。

政策主题：这三家媒体对西部文化产业走廊相关政策的关注度比较接近，《中国文化报》14篇，《光明日报》12篇，《人民日报》10篇。这三家媒体都对国家层面发布的该走廊总体规划做了比较详尽的报道，对于该走廊区域各省制定的地方支持政策与相关政策落地情况则各有侧重。

经济类主题：这三家媒体对"藏羌彝文化产业走廊"内各省与少数民族地区经济发展成就与合作情况的关注度比较接近，《光明日报》13篇，《人民日报》9篇，《中国文化报》7篇。《光明日报》对该走廊区域的经济发展成就与经济合作情况都比较关注，《人民日报》更侧重该走廊区域的经济发展成就，《中国文化报》既关注该走廊区域的经济成就，又关注该走廊区域经济发展中存在的问题，有两篇记者手记都写到了在采访调研中发现的问题。相对于只报喜不报忧的经济成就类报道来说，能发现并提出该走廊区域发展的问题是难能可贵的，因为这是媒体在发挥探测、预警作用。

2. 报道体裁

三家媒体都是通讯居首位，消息位居第二——《人民日报》通讯94篇、消息30篇，《光明日报》通讯124篇、消息31篇，《中国文化报》通讯32篇、消息26篇。述评（新闻评论）、特写、调查报告、专访等都是通讯与消息两种新闻基本体裁的有益补充。

3. 报道版面

从三家报纸头版的相关报道来看，都反映了"藏羌彝文化产业走廊"区域内的各种重要动态与进展。

五、结论

从上述的分析可以看出，中央级大报的议题设置时间相仿，形成互相协同之势，对"藏羌彝文化产业走廊"的协同创新传播作用体现在以下几个方面。

（1）及时告知全国各地受众与藏羌彝文化产业发展相关的国家级、省部级政策，并全方位解读政策在地方层面的落地执行情况与该走廊区域内各地文化产业的进展、成就，同时，对各地工作推进中存在的问题予以提醒、警示并提供对策建议。

（2）对该走廊区域内各地区脱贫攻坚涉及的多方面情况予以及时关注，介绍可复制推广的扶贫脱贫经验、报道在各行业做出扶贫贡献的人物和通过扶贫改变命运的人们，起到鼓舞人心的作用。

（3）通过给予扶贫和脱贫路上的普通人足够的曝光度和社会能见度，对"中国梦"提供了生动的注解——在扶贫和脱贫路上人人都有改变命运、向上流动、打破先天条件限制的可能；而每个中国人皆有人生出彩的可能，无论是自己脱贫致富还是帮助别人脱贫都可以凸显人生的价值。当全国公众了解到该走廊区域取得的文化扶贫成就和很多富有感染力的人生故事后，能够有效地凝聚社会共识，这也有助于铸牢中华民族共同体意识。

（4）对该走廊区域富集的民族文化资源起到推广介绍作用。

中央级媒体通过对各少数民族特色文化、民族文化节庆、各地特色文化产业、文创产品、非遗传人等的推广介绍，引领全国公众认知、推动特色文化的传承与发展。而中央级媒体对该走廊区域文旅融合产业的推介，又能直接引领全国公众的消费扶贫，同时，也可以起到在外地企业与该走廊区域富集文化资源之间牵线搭桥的作用。

（5）中央级媒体对该走廊区域产学研情况的报道既能起到传播新发展理念、新发展思路的作用，又能推介各地可复制模仿的经验，让该走廊各地区更重视"政－产－学－研－用"的协同发展。

（6）中央级媒体对该走廊各省市的经济成就、经济合作、文化交流活动等的报道，既能传播新发展理念，又能开阔西部欠发达地区各级机关、企业与创业个人的眼界，便于在对比中找差距、吸收经验（起到智库的部分作用）。

（7）中央级媒体视野宽广，在关注该走廊七个省的文化产业发展情况的同时也能牵线搭桥，促进省际间开展各种研讨与合作。

（8）中央级媒体的受众范围广，其对于某些文化交流活动、会议的预告或推介可能会引起社会各界更多的注意，这很可能会吸引更多人的参与，也有可能酝酿新一轮合作意向。

（9）中央级媒体推介该走廊区域特色民族文化的杂文、富有文采的通讯、报告文学等，让全国目标受众阅读后拥有美的享受、产生身临其境的代入感，进而引发对当地的关注和亲身体验的愿望——有关注有愿望才会有其后的旅游、消费与投资。

（10）中央级媒体讲好"藏羌彝文化产业走廊"的各类故事是"讲好中国故事"的一部分，该走廊区域内文化产业的发展、特色文化的故事有着特殊的感染力，更有利于搞好国内与国际的宣传、传播工作。

不过，从选取的样本来看，中央级纸媒的传播亦存在不足——问题意识不强，在研究者立意取样的416篇样本中，只有《中国文化报》有两篇问题报道，其他400多篇文本全是报喜不报忧式的内容。而在"藏羌彝文化产业走廊"的发展之路上，问题、矛盾、冲突实际上是难以避免的，而且是有价值的，因为有这些情况的存在才会提醒该走廊的各项工作该如何进一步改进。

第二节 新媒体的协同创新传播作用

在媒介融合的时代，以互联网为基础的新媒体对西部文化产业走廊的协同创新传播作用不容小觑。因此，本节将从具有代表性的门户网站、地方媒体新闻客户端、微信公众号、地方媒体官方微博入手进行互联网数据分析。

互联网上关于西部文化产业走廊的信息主要分布在政府网站、门户网站、博客平台（如微博）和订阅号形式的订阅平台等，本节研究主要选用了可以自由公开获取的政府网站、门户网站和博客平台，其优点有：容易公开获取，不对爬虫（一种自动获取网页内容的程序）做人为限制；内容数量大，有足够的信息样本；受众广泛，可以作为主流信息的代表。

一、门户网站

本研究先试图在尽可能多的互联网网站上收集到关于"藏羌彝走廊"的报道，再选定两个有代表性的地方新闻门户网站和一个省报新闻客户端（因为其可以打开网页版并进行检索，所以也并入地方新闻门户网站），借由网络爬虫和 Python 数据分析手段从这些网站的关键词、主题、数量等维度上进行分析，研究其报道呈现的趋势、涵盖的内容及其对应的国家层面的政策走向等。

在互联网上，获取大量的关于某个主题的信息一般会采用搜索引擎，搜索引擎是互联网上信息渠道最广泛的平台之一，其利用网络爬虫的原理，将获取到的海量页面经过算法提取出来，整理成数据库，提供给用户搜索使用。但由于搜索引擎的内容过于混杂，其中不乏大量的低质量内容，而本研究需要大量且优质的新闻报道信息，所以如果通过搜索引擎进行搜索，则需要耗费大量的时间和精力进行自动和批量筛选，显然这并不是一个高效的方式。

"中国搜索"是一个由中央七大新闻媒体（人民日报、新华社、中央电视台、光明日报、经济日报、中国日报和中新社）联手创办的针对新闻和专业信息领域的垂直内容搜索引擎。研究者通过在"中国搜索"平台上使用"藏羌彝走廊"关键词搜索，得到了500余条有效结果，通过人工粗略翻阅，其多为专业的新闻报道，质量较高，且网站提供了自动统计相似新闻的功能，避免了重复获取。

另外，研究者也在该走廊区域内选取了地方省级新闻媒体门户网站——"中国西藏网"和"四川在线"以及四川日报的新闻客户端"川观新闻"（因为能直接打开网页，所以也将其归入本节要考察的门户网站中），它们都提供了大量的可供获取的新闻报道内容，且提供了站内搜索功能，方便查找。

经过调研和筛选，最终选定"中国搜索"、两个省级新闻门户网站"中国西藏网"和"四川在线"以及四川日报的新闻客户端"川观新闻"作为本节爬虫分析的数据来源。

因本节所用数据来源均为互联网网站，对互联网网站内容进行爬虫分析一般使用两种方式：模拟浏览器进行HTML文件获取并解析，以及发现其API（Application Program Interface，应用程序接口）并直接使用API获取数据。在本节所涉及的网站中，研究者使用了不同的方式针对不同的网站进行爬取，并优先使用

API 的方式来进行爬虫工作①。因为“川观新闻”“中国西藏网”和“四川在线”的内容偏于传统媒体，所以本节将其与内容来源更广泛的“中国搜索”区别开进行分析，在下文称为“三个地方网站”。

本次在“中国搜索”网站上进行爬虫收集到的部分数据如图 4-1 所示，共获取到 569 条有效数据。

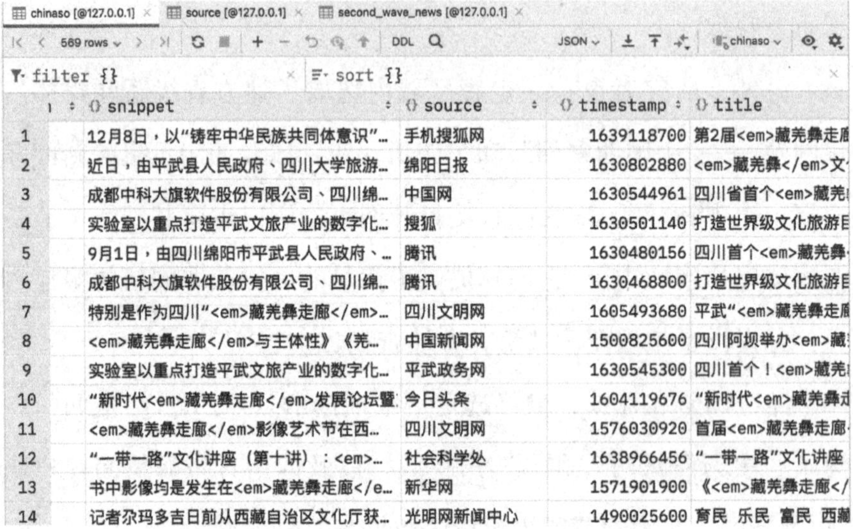
chinaso [@127.0.0.1] source [@127.0.0.1] second_wave_news [@127.0.0.1]
569 rows DDL JSON chinaso
filter {} sort {}

	snippet	source	timestamp	title
1	12月8日，以“铸牢中华民族共同体意识”...	手机搜狐网	1639118700	第2届<em>藏羌彝走
2	近日，由平武县人民政府、四川大学旅游...	绵阳日报	1630802880	<em>藏羌彝</em>文
3	成都中科大旗软件股份有限公司、四川绵...	中国网	1630544961	四川省首个<em>藏羌
4	实验室以重点打造平武文旅产业的数字化...	搜狐	1630501140	打造世界级文化旅游
5	9月1日，由四川绵阳市平武县人民政府、...	腾讯	1630480156	四川首个<em>藏羌彝
6	成都中科大旗软件股份有限公司、四川绵...	腾讯	1630468800	打造世界级文化旅游
7	特别是作为四川“<em>藏羌彝走廊</em>...	四川文明网	1605493680	平武“<em>藏羌彝走
8	<em>藏羌彝走廊</em>与主体性》《羌...	中国新闻网	1500825600	四川阿坝举办<em>藏
9	实验室以重点打造平武文旅产业的数字化...	平武政务网	1630545300	四川首个！<em>藏羌
10	“新时代<em>藏羌彝走廊</em>发展论坛暨	今日头条	1604119676	“新时代<em>藏羌彝走
11	<em>藏羌彝走廊</em>影像艺术节在西...	四川文明网	1576030920	首届<em>藏羌彝走廊
12	“一带一路”文化讲座（第十讲）：<em>...	社会科学处	1638966456	“一带一路”文化讲座
13	书中影像均是发生在<em>藏羌彝走廊</e...	新华网	1571901900	《<em>藏羌彝走廊</
14	记者尕玛多吉日前从西藏自治区文化厅获...	光明网新闻中心	1490025600	育民 乐民 富民 西藏

图4-1 “中国搜索”网站上爬虫收集的部分数据

在其余的网站爬虫收集工作中，也采取了类似的方法，在三个地方网站共获取到 204 条有效的新闻数据。

---

① 现代互联网的数据传输一般使用 RESTful API 的方式，其有较为规范的数据格式（最流行的是 JSON 格式），且结构清晰，便于人类和计算机阅读，使用 API 进行爬虫相较解析 HTML 文件来说是更为简单的方式，也是能达到获取信息最大化的方式，所以本研究会优先使用 API 的方式来进行爬虫工作。

本节的复杂之处在于进行主题分析和划分，主题分析一般使用 LDA 主题模型，LDA 常常被利用于给文本分类，它可以将大量文档中的每篇文档的主题以概率分布的形式给出，抽取出它们的主题分布后，便可以根据主题分布进行主题聚类或文本分类等任务。

由于 LDA 基于词频和分布来实现主题划分，所以在中文环境下，需要先进行分词。本课题使用最流行的中文分词开源库 jieba 进行分词，jieba 首先在大语料上由人工对其中的词语出现的频率进行统计，再在输入的文本中进行查找，最后通过概率比较确定最后的分词结果。

在输入 LDA 分析前需要使用 stop_words 对跳过词进行过滤，像"的确""非常"和"的"等都为跳过词，不属于有价值的文本关键词，进行过滤是为了避免无用词语混入影响分析。

在进行主题分析时，需要人工调整主题数量，若数量过多，则主题之间区别较小，并无实际意义，若数量过少，则丢失了找到文本区别的可能性，所以找到合适的主题数量需要多次尝试和调整。

最终研究者在"中国搜索"部分确定了六个主题，分别是旅游产业、战略研究、脱贫脱困、政策规划、经济发展和文化传承，其主题与对应的高频关键词如图 4-2 所示。

Topic #0 旅游产业：
文旅 景区 打造 亿元 生态 乡村 融合 游客 全域 增长 产品 品牌 实现 推动 全省 活动 推进 创建 体验 精品
Topic #1 战略研究：
研究 成都 四川省 长江 2019 经济 10 问题 社会 治理 地区 教育 世界 农业 区域 创新 科技 体系 以上 文明
Topic #2 脱贫脱困：
彝族 凉山 脱贫 扶贫 贵州 传统 工作 活动 群众 全国 打造 作为 就业 实现 单位 创意 传承 品牌 产品 开发
Topic #3 政策规划：
推进 加强 实施 完善 工程 体系 生态 加快 提升 机制 推动 健全 制度 重点 创新 社会 服务 规划 保护 能力
Topic #4 经济发展：
企业 服务 推动 支持 推进 创新 提升 加快 经济 重点 市场 培育 消费 促进 城市 融合 鼓励 实施 平台 产品
Topic #5 文化传承：
传统 保护 传承 工作 活动 非遗 文化遗产 一个 艺术 地区 我们 成为 展示 进行 融合 区域 黄河 形成 通过 具有

图4-2 "中国搜索"六个主题对应的高频关键词

其主题数量所占百分比，如图4-3所示。

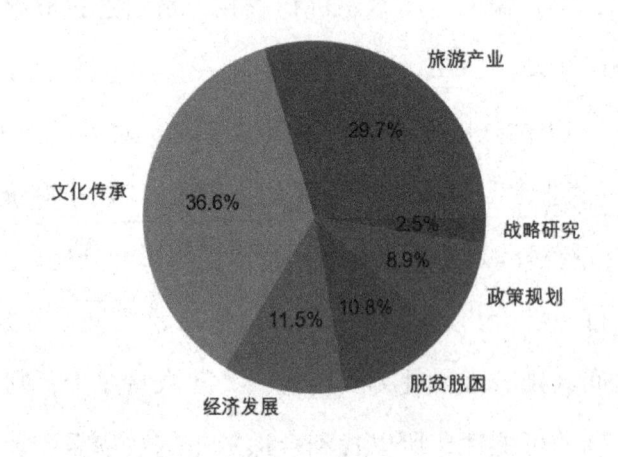

图4-3 主题分布

另外，将三个地方网站划分为政策规划、旅游产业和研究报告三个主题类别，其主题与对应的高频关键词如图4-4所示。

第四章 新闻传播业界的核心层——传统主流媒体和新媒体协同创新传播作用 | 107

Topic #0 政策规划：
完善 体系 实施 支持 服务 机制 企业 健全 社会 改革 生态 中心 制度 建立 治理 构建 工程 管理 能力 政策
Topic #1 旅游产业：
文旅 亿元 景区 全省 品牌 出版 活动 保护 我省 九寨沟 脱贫 扶贫 游客 线路 艺术 合作 全域 乡村 传承 精品
Topic #2 研究报告：
研究 2019 大学 四川大学 四川省 2018 西南 成都 12 出版社 社会科学院 学院 领导 报告 干部 雅安 11 全市 会议 交通

图4-4 三个地方网站三个主题对应的高频关键词

其主题数量所占百分比，如图 4-5 所示。

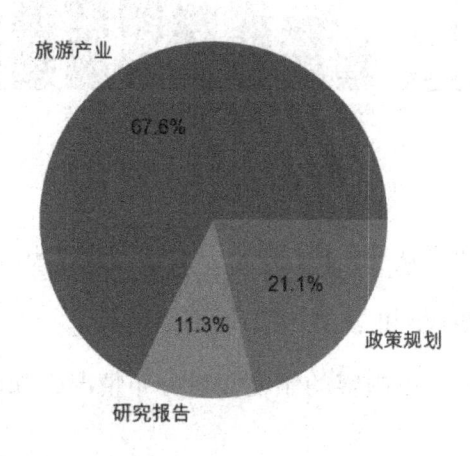

图4-5 主题分布

这些文本总的时间分布情况，如图 4-6 所示。

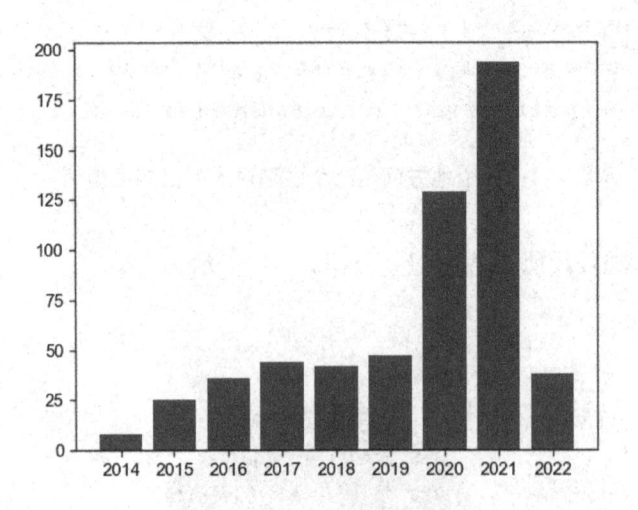

图4-6 文本年度数量分布

可以看到，从 2014 年开始，关于"藏羌彝走廊"的报道开始出现，在 2020 年和 2021 年出现高速增长。

三个地方网站内容的年度数量分布情况，如图 4-7 所示。

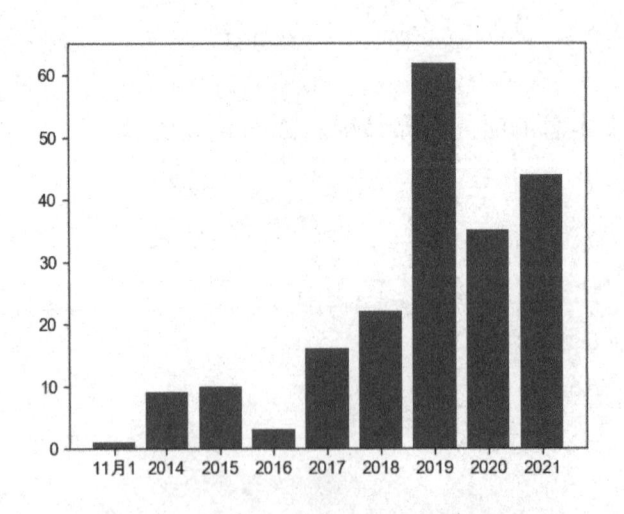

图4-7 三个地方网站内容的年度数量分布

第四章 新闻传播业界的核心层——传统主流媒体和新媒体协同创新传播作用 | 109

在进行主题划分的基础上，可以得出"中国搜索"每个主题的年度数量分布，这对于本节针对性的分析政策趋势很有帮助。如图4-8所示，为六个主题的报道数量的年度分布。

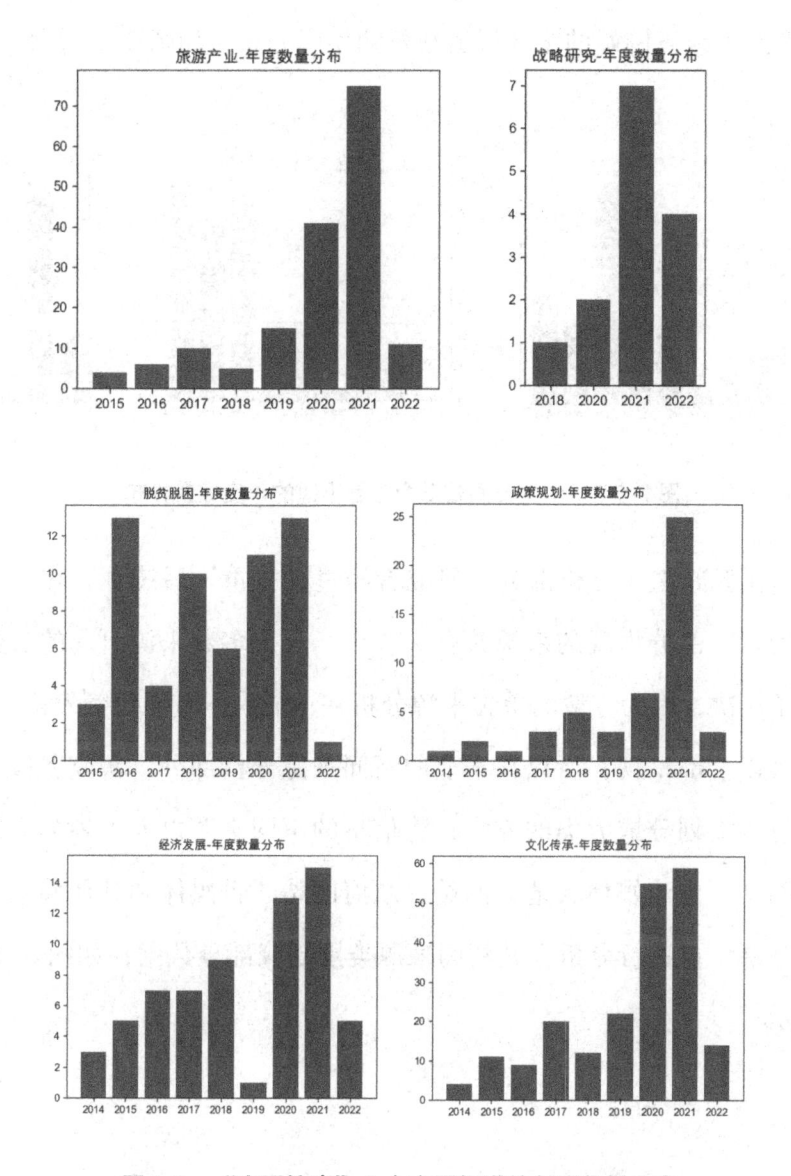

图4-8 "中国搜索"六个主题报道的年度数量分布

从图 4-8 中可以看到,"中国搜索"除了脱贫脱困部分,其他的主题报道数量的年度分布趋势都与总报道数量的年度分布趋势吻合。

三个地方网站的主题报道数量的年度分布,如图 4-9 所示。

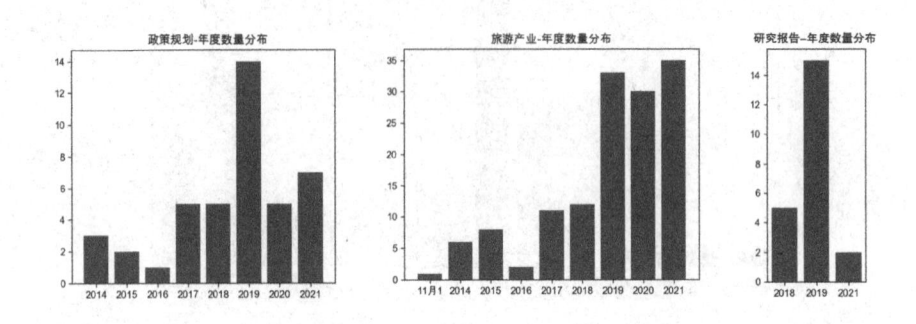

图4-9 三个地方网站三个主题报道的年度数量分布

在新闻来源分析部分,研究者经过"去重"后统计,在"中国搜索"部分出现的来源共有 223 个,且大多数来源出现的次数少于 2 次,因为零散的单独来源分析并不能为本节提供额外价值,也难以全部呈现,所以在本节的新闻来源分析部分,研究者使用了将小类划分成大类的方法,将信息的不同来源以人工划分为门户网站、主流媒体、地方网站、政府网站、自媒体和其他共六大类来源,再进行分析。其新闻来源类别划分部分数据,如图 6-10 所示。

第四章 新闻传播业界的核心层——传统主流媒体和新媒体协同创新传播作用 | 111

	_id	map	type
1	6250155f5af3511b38c822e3	齐鲁网	门户网站
2	6250156a5af3511b38c82306	黔西县人民政府	政府网站
3	625015775af3511b38c8232e	黑龙江省文化和旅游厅	政府网站
4	625015695af3511b38c82302	黄南州政务在线	地方网站
5	6250157a5af3511b38c82338	食品资讯中心	门户网站
6	6250157c5af3511b38c8233e	青海羚网	地方网站
7	625015975af3511b38c82397	青海省发改委	政府网站
8	6250159c5af3511b38c823a5	青海湖网	地方网站
9	625015a15af3511b38c823b5	青海新闻网	地方网站
10	625015745af3511b38c82325	雅安新闻网	地方网站
11	625015a25af3511b38c823b6	雅安市人民政府网站	政府网站
12	6250156e5af3511b38c82313	陕西省重点新闻	地方网站
13	625015955af3511b38c82391	阿坝藏族羌族自治州人民	政府网站
14	625015855af3511b38c8235d	阿坝新闻网	地方网站
15	6250155c5af3511b38c822db	长安网内蒙古频道	门户网站
16	6250157f5af3511b38c82349	长云网	门户网站
17	625015915af3511b38c82381	锡林郭勒新闻网	地方网站
18	6250158b5af3511b38c8236e	金融界股票频道	门户网站

图4-10 新闻来源类别划分部分数据

最后分析得到其总来源类别分布情况，如图 4-11 所示。

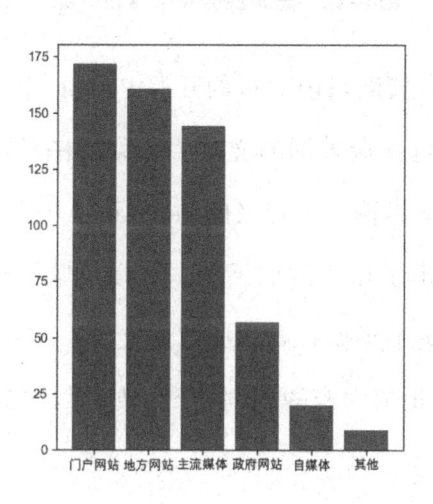

图4-11 总来源类别分布

其总来源分布数量所占百分比，如图4-12所示。可以看到，门户网站、地方网站和主流媒体是最大的报道来源，政府网站主要为政策信息发布，所以数量较少，自媒体则对"藏羌彝走廊"关注较少。

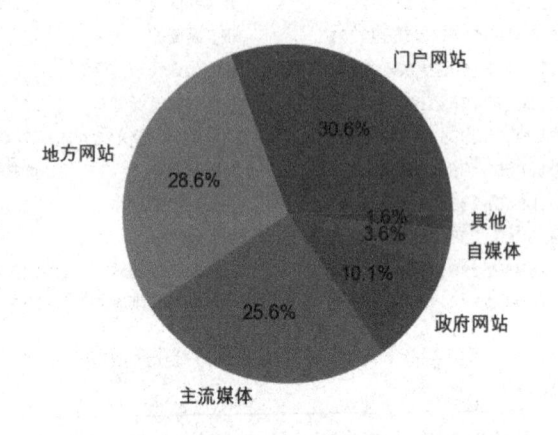

图4-12　总来源分布数量百分比

最后，研究者借助目前流行的开源Python库word_cloud可以实现依据输入的包含众多词的文本生成词云图的功能，将总的文本和各个主题的文本输入自定义的generate_wordcloud（filename，contents），便输出了相应的词云图，可以反映受众对西部文化产业走廊的关注度集中于哪些高频关键词上。

"中国搜索"报道内容的总词云图，如图4-13所示。

第四章　新闻传播业界的核心层——传统主流媒体和新媒体协同创新传播作用　　113

图4-13　"中国搜索"报道内容的总词云图

"中国搜索"报道内容的"旅游产业"主题词云图，如图4-14所示。

图4-14　"旅游产业"主题词云图

"中国搜索"报道内容的"战略研究"主题词云图，如图4-15所示。

图4-15 "战略研究"主题词云图

"中国搜索"报道内容的"脱贫脱困"主题词云图，如图4-16所示。

图4-16 "脱贫脱困"主题词云图

"中国搜索"报道内容的"政策规划"词云图，如图4-17

第四章 新闻传播业界的核心层——传统主流媒体和新媒体协同创新传播作用 | 115

所示。

图4-17 "政策规划"主题词云图

"中国搜索"报道内容的"经济发展"主题词云图,如图4-18所示。

图4-18 "经济发展"主题词云图

"中国搜索"报道内容的"文化传承"主题词云图，如图4-19所示。

图4-19 "文化传承"主题词云图

三个地方网站报道内容的总词云图，如图4-20所示。

图4-20 三个地方网站报道内容的总词云图

三个地方网站报道内容的"政策规划"主题词云图，如图4-21所示。

图4-21 "政策规划"主题词云图

三个地方网站报道内容的"旅游产业"主题词云图，如图4-22所示。

图4-22 "旅游产业"主题词云图

三个地方网站报道内容的"研究报告"主题词云图，如4-23所示。

图4-23　"研究报告"主题词云图

根据以上三个地方网站的词云图，将政策规划、旅游产业、研究报告三个主题之下的高频关键词归纳如下。

政策规划：完善、体系、实施、支持、服务、机制、企业、健全、社会、改革、生态、中心、制度、建立、治理、构建、工程、管理、能力、政策。

旅游产业：文旅、亿元、景区、全省、品牌、出版、活动、保护、我省、九寨沟、脱贫、扶贫、游客、线路、艺术、合作、全域、乡村、传承、精品。

研究报告：研究、2019、大学、四川大学、四川省、2018、西南、成都、12、出版社、社会科学院、学院、领导、报告、干部、雅安、11、全市、会议、交通。

综上所述，门户网站、地方网站与全国各类主流媒体对"藏羌彝文化产业走廊发展"的传播初步形成了协同创新传播态势，呈现出选题丰富、内容多元、信息覆盖面广的立体化效果。

二、微博话题分析

从本节选取了四个官方微博——微甘孜、阿坝州官方发布、西昌发布V、中国西藏新闻网官方微博，进行爬虫分析后，发现这四个官方微博有关"藏羌彝""藏羌彝文化产业""西部文化产业走廊""西部文化产业走廊总体规划"之类的话题很少，每个官微在2014—2022年间都只有几条相关内容，如表4-1所示。

表4-1 四个官方微博相关话题汇总

年份	来源	内容
2014	阿坝州官方发布	我州列入《西部文化产业走廊总体规划》核心区域
2014	西昌发布V	藏羌彝走廊文化资源调研组赴西昌调查彝族文化资源
2014	微甘孜	康定县"灌顶雪泉·康定之珠"旅游文化产业园项目日前成功入选文化部2014年度西部文化产业走廊36个重点项目

续表

年份	来源	内容
2014	阿坝州官方发布	茂县民俗文化演艺街区被列为2014中国文化产业重点项目
2015	微甘孜	2014年全省加快西部文化产业走廊建设，新增19个国家级非遗生产性保护示范基地
2015	阿坝州官方发布	西部牧场游牧部落体验园项目被评为2015年度西部文化产业走廊重点项目
2015	西昌发布V	藏羌彝文化建设巡礼组调研我市
2017	阿坝州官方发布	阿坝州召开藏羌彝走廊专家咨询会
2017	中国西藏新闻网	西藏文化产业122个入库项目总投资近400亿元
2018	中国西藏新闻网	西藏这一唐卡项目获20万元扶持资金
2018	阿坝州官方发布	四川首个西部文化产业走廊行动计划发布 打造世界级文化旅游目的地
2020	阿坝州官方发布	阿坝州是四川省第二大藏区和我国羌族的主要聚居区，是"藏羌彝走廊"腹心地带，是全省非遗资源大州
2021	西昌发布V	#西昌周边游# #十一长假 嗨西昌# 谷克德高地景区，位于昭觉七里坝，距西昌不到50千米，地处西南丝绸之路节点、"藏羌彝文化走廊"内，是横贯古今的文化交流高地

从上表可以看出，四个官方微博对于西部文化产业走廊的话题关注点首先集中于政策规划（包括为了政策规划而做的调研）方面，其次是宣介自己所处区域的旅游产业新动态，再次是本区域的文化传承情况宣介。

这四个官方微博对于西部文化产业走廊的宣传，存在以下不足之处：引导与形成热点话题的功能明显不足，目前只能是配合传统媒体的宣传而跟进，而且相关议题数量与频率都不足，无法保持一定的宣传频率。因而，这四个官方微博没有起到本该有的引导相关舆论的作用。在未来的协同创新战略传播过程中，这是上述官方微博应该加强的地方。

三、微信公众号

本课题组研究人员本来打算锁定该走廊区域七个省份内比较有影响的官方微信公众号后进行爬虫分析，但是在尝试后发现这些微信公众号对爬虫分析都有非常严格的限制，都有着严格的反爬虫措施，假如个人强行爬取，就会面临被封号封IP之类的严厉处罚。

经过权衡，本课题组最终放弃了对官方微信公众号的爬虫分析，选取了阿坝州比较有影响力的自媒体微信公众号"乐在阿坝"（由一个旅游爱好者创建），进行人工分析（一是因为爬虫也受到限制；二是因为该号资讯发布量比较少，可以人工观察；三是想对该走廊区域内自媒体的传播作用有所考察）。

"乐在阿坝"是阿坝地区比较有影响力的个人微信公众号，它旨在提供雪域高原阿坝地区内衣食住行乐的全景信息与旅游指南，推送文章内容主要是阿坝地区各个景点以及其路线，该公众号有"游山玩水""精彩在此""更多信息"三个版块，其中，"游山玩水"这一版块对阿坝旅游资源起到了一定的集中展示作用。

研究者锁定"乐在阿坝"公众号2019年1月~2021年10月间的微信推文（共发布36篇文章）进行了整理分析，发现该公众号平均一个月发布一篇文章，发布的频率相较于正常发文频率的公众号来说特别低，这与其公众号属个人性质有一定关系，其中图文推送占绝大多数，"乐在阿坝"本身的显著特点就是图文结合，大量的精美图片直观清晰地展示了阿坝地区丰富的少数民族旅游文化与资源，如图4-24所示。

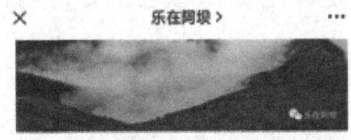

图4-24 "乐在阿坝"公众号推文展示

"乐在阿坝"的特色之处在于它是游记式文章，包括作者在内的一行人基本上都是徒步旅行，作者将他亲身游玩的踪迹转化成图文，给读者一种身临其境之感，每一处景点基本上都会提供给读者相关的旅行线路，以游客与作者的双重身份为读者带来沉浸式旅行体验。

"乐在阿坝"作为个人微信公众号，它的宣传力度有限，传播的范围比较小，受众面不广。在2019年1月～2021年10月发布的36篇文章中，笔者对于其阅读量与点赞量做了相关数据统计：阅读量为0～500次的占比最多，达62%；阅读量为500～1000次的占16%；阅读量为1000次以上的占22%。这说明关注"乐在阿坝"的用户基数尚可，对于"乐在阿坝"这种低频发文率的个人公众号来说算是可喜的数字。

但是，从36篇文章中只有8篇文章点赞数超过10且最高数字是68可以看出：整体点赞量较低，用户对推文内容喜好程度不高。同时，笔者也关注到留言区的互动情况，36篇中有8篇推文没有用户的回复，而其他推文下作者只回复了大部分留言，说明"乐在阿坝"仍要注重用户留言这一反馈机制。

通过对"乐在阿坝"的推送形式进行分析，笔者发现，其传播内容主要以图文组合与视频的方式呈现，表情包、音频、动图、H5等多种形式是缺失的，而这很有可能会让受众很快丧失兴趣，只有新鲜有趣的推文才能抓住受众眼球。

"乐在阿坝"作为一个旅游类公众号，在2019年1月～2021

年 10 月发布的 36 篇文章中，唯一一篇阅读量上万的文章是《阿坝州 2020 年部分节假日放假安排》，而《阿坝州 2021 年部分节假日安排》也有 700 多的阅读量，其阅读量超过了 36 篇中的 60% 以上，这些数字说明了节假日安排所属的相关政策类信息在一定程度上更能引起受众的阅读兴趣。由此可见，"乐在阿坝"应该以旅游等相关资讯为主题，在此基础上丰富副线——增进不同类型的内容，这样既增强公众号推文的全面性又突出了重点，可以满足不同受众的阅读需求。

"乐在阿坝"目前主要是运用微信公众号进行信息传播，形式比较单一，而 QQ 空间更多的是转发其微信推文，QQ 空间的传播依赖于一定的社会关系，因此受众范围更加窄小。另外，"乐在阿坝"开通了腾讯视频号，并且将一些优质的视频配上背景音乐发布在腾讯视频这个平台上。

总的来说，"乐在阿坝"主要是通过微信公众号、QQ、腾讯视频三个平台来传播资讯。但是，在新媒体环境下，仅仅这三个平台是远远不够的，"乐在阿坝"可以选择用户更多、受众范围更广的平台来进行传播。

因此，"乐在阿坝"在传播过程中应该兼顾不同的传播平台，构建多元化的融媒体平台，形成联动传播，打造自媒体传播矩阵，扩大自身的影响力，更好地传播阿坝地区丰富的少数民族旅游文化与资源。

在自媒体蓬勃发展的时代下，各种各样的传播形式出现并获得发展，除了常见的视频、图片和文字以外，还有表情包、动图、H5、投票等各种形式，这些都能提升读者的阅读体验并激发读者的阅读兴趣。"乐在阿坝"可以丰富内容的呈现方式，利用平台特点从而传播不同形式的内容，例如图文形式的内容可以在知乎、公众号和小红书等平台来传播，而视频形式的内容加上标签之后可以搬运到抖音、B站等平台。"乐在阿坝"可以通过不同平台的传播来丰富传播形式，同时，传播形式的加强也更有利于联动传播。

从对自媒体"乐在阿坝"的考察来看，也能验证研究者在门户网站研究部分提出的"自媒体则对藏羌彝走廊关注较少"，内容相对比较贫乏。

四、小结

本节考察了新媒体在西部文化产业走廊发展中的传播作用，发现网站的传播内容比较丰富，而官方微博、自媒体公众号的传播作用都有待加强，其传播内容、形式与渠道都应该加以改进。

笔者认为，在西部文化产业走廊后续的融合媒介传播中，应该真正形成传播矩阵，充分整合传统媒体和新媒体渠道，将各自的优势进行互补（传统媒体相对具有权威和深度、新媒体相对活泼亲民）从而形成对该走廊的协同创新传播效应。

第五章

新闻传播业界的关联层——副刊和影视（影像）协同创新传播作用

Research on the synergistic innovation effect of news communication on western cultural industry

第一节 副刊的协同创新传播作用

新闻传播业界的第二方阵首推副刊文字的传播，因为"新闻招客（招来受众）、副刊留客（留住受众）"——副刊文字能运用更加灵活的叙事策略来加强新闻版块的传播效果，所以，若要考察新闻传播业界对"藏羌彝文化产业走廊"的协同创新传播作用，就不能忽视副刊文字在文化传播中的重要作用。

因此，本节特意选择了中国副刊协会的一组大型采风报道进行研读，这组副刊文字都是该走廊区域内各省市级日报（传统党报）记者采写的，同步刊发在当地日报、中国副刊网和手机App"中国副刊"上，实现了"报纸—网络—手机客户端"多渠道的协同创新传播。

一、副刊的作用

副刊是报纸上区别于新闻的版面或栏目，一般是用文学式语言描述反映社会、文艺色彩较浓、能给读者提供美的享受的固定版面，定期出版，一般有刊名。

副刊，在纸媒一统天下的时代特指报纸副刊，内容以文艺副刊居多，资讯服务类版块随着社会需求的增加逐渐呈现上升趋势。在网络与新媒体不断推陈出新的时代，副刊的传播介质已经延伸至网络和各种媒体客户端、App，副刊的传播内容早已不局限于传统的文艺副刊，各种不同于新闻报道但是能满足受众资讯或休闲放松需求的专栏、专版、专刊应运而生，例如旅游、美食、娱乐、健康、文化教育、理论探讨等版块。相较于新闻报道版块的"新闻性"来说，副刊版块具有的是"文化性"，即文化传播属性。

西部文化产业走廊建设的出发点本来就是为了让该走廊区域内处于深度贫困又生态环境脆弱的各少数民族（并不只局限于藏族、羌族、彝族三个民族，而是在这一走廊区域内生活的各民族）地区实现脱贫，旨在通过特色文化产业的发展达到富民安居的目的。在该走廊区域建设特色文化产业本身就要立足于开掘当地的自然资源、风土人情和独特民俗，而如何展示与传播这些特殊风貌仅仅依靠新闻报道是不够的，还需要新闻传播方阵中的第二方阵——副刊来发挥文化传播的作用。

本节以中国报纸副刊研究会、中国文联网络文艺传播中心联合策划的大型文化系列报道《重走采风路，共谱脱贫曲》（大型采访专题活动）中的八篇报道作为典型个案加以解读，旨在分析副刊的文化传播功能（讲好中国的发展故事）。①

自2020年10月2日开篇，"重走采风路，共谱脱贫曲"系列报道连续"走"了两个多月，从彩云之南走到红都赣南，从大凉山走到太行山，从西藏巴吉村走到闽西朋口镇，从思南老街走到黔江古道……这组系列报道同时在"中国副刊"微信公众号上推送并通过中国文艺网的《中国副刊》频道刊发，传播范围比较广泛。

这组系列报道的报道者们在中国报纸副刊研究会的组织下，足迹曾经遍及全国各地的贫困县乡和村镇，真实记录过这些地区的干部群众改变观念后脱贫致富的艰难历程和感人事迹。身为各纸媒副刊编辑和文化记者的他们，以文化视角切入的这些实录具有独特的历史价值和现实意义——因为当年他们采写过的很多报道距今已有10多年乃至20年时间，文中绝大多数被报道的贫困市县乡村如今已甩掉了贫困的帽子。在脱贫攻坚的收官之年，他们回访这些当年曾经采访过的市县乡村，重温当年的脱贫故事，续写当地的新发展，这些后续报道给今后全国如何巩固脱贫攻坚成果和进一步推动乡村振兴提供了宝贵的参考借鉴。

这一大型系列报道的开篇之作是《离天最近的茶园》，也是本节选取的与本课题相关度比较高的文化扶贫报道，另外选取的几

---

① 中国报纸副刊研究会会同中国文联网络文艺传播中心，以"重走采风路，共谱脱贫曲"为主题，共同策划组织的大型全媒体采访活动，将这些昔日采风的副刊人重新召集起来，让他们从今昔对比的视角、用温故知新的笔法，将重走采风路的新鲜见闻续写成一篇篇脱贫攻坚的新作品。

篇相关报道题目如下：《品读老达保》《对话巴吉村》《脱贫记忆"马"不停蹄》《乌江河畔重访思南》《稻城香格里拉：用美丽战胜贫困》《基诺山的脱贫之路》《阿佤唱心歌》。

这八篇报道的主题都是西南少数民族地区改变贫困面貌后群众生活的今昔对比，报道的角度各不相同，报道的背景都是在全国"十三五"规划接近尾声的2020年深秋，即全国自上而下的脱贫攻坚工程进入尾声之际，报道目的自然是关注全国贫困地区脱贫的实际效果。这八篇报道所涉及的采访地点既有西部文化产业走廊的核心区（如西藏林芝巴吉村、四川甘孜藏族自治州稻城香格里拉），也有该走廊的辐射区（四川乐山井研县石马村、云南大理云龙县以及与该走廊区域毗邻的县市）。

二、文本分析

笔者在对这八篇报道的反复阅读中发现：副刊人对各地的脱贫状况进行今昔对比的实地调查是这八篇报道统一的报道主题，而每篇报道又各自展现了这一主题之下的具体故事，因而笔者在阅读后将这八篇报道的故事主题框架一一提取出来加以归纳分析。

1.《离天最近的茶园》

这是关于云南大理云龙县"兴茶脱贫"的文化报道。云龙县是国家级贫困县，云龙茶最大的特色就是产自海拔2000多米的高山云雾中,他们的茶园是离天最近的,该县的脱贫主产业就是云龙茶产业。

这篇通讯的故事主题框架是在当地通过特色茶产业脱贫的主题下描写了若干个创业者的故事,而故事主题框架是通过这篇报道的明线与暗线共同架构的。

明线是报道者对云龙茶乡时隔六年的再次探访,构成从县干部、科技站干部到四个茶厂的故事,中间穿插了许多生活细节和对茶文化的描写,娓娓道来,就如一幅幅舒卷的通过特色茶产业脱贫致富的画卷。

暗线是报道者在重要他者[①]的叙述中勾画了一个为当地茶产业发展和当地群众脱贫贡献一生的共产党员形象:尹何春,大栗树村支书、村主任,大栗树茶厂第一任厂长(成功企业家),多次自己垫付资金修路的村干部,扶持贫困农学院学生完成学业并高薪聘用人才的企业老总,其他新厂的扶持者,老一代开拓型茶农,在这么多形象叠加在一起时,重要的底色是中国共产党党员。

这篇通讯的明线与暗线巧妙交织在一起,不像一般记者采写的新闻报道那样短平快地按事件发展顺序记叙一个县的脱贫过程,更像小说一样有悬念、抖包袱,通篇又饱含文化新闻的趣味,从这里可以看出资深的副刊人写出的纪实报道更加耐人寻味,不像

① "重要他者"是美国著名社会心理学家乔治·赫伯特·米德提出的概念,指对我们做出回应并帮助我们建立认同的那些人。个体的认同都是通过与他人的互动而得到的,对持有认同的人而言,只有被其他人所认可,这种认同才可能是真实的。

一般的新闻报道那么"易碎"。

2.《品读老达保》

这是 2020 年仲秋文化记者何亮被派去云南拉祜族村寨老达保采访写成的纪实报道。

这篇报道的故事主题框架是特色民族文化脱贫主题下村民生活发生的巨大变化，该篇报道有大量的文化场景描写和村里多位受访者讲述的生动故事，读起来毫无枯燥乏味感。村里淳朴的民风和村民脱贫后生活的幸福感在字里行间"自然"呈现，相对于同类题材的一般消息与通讯来说可读性更高。

3.《对话巴吉村》

这是一篇比较独特的报道，是本节选取的八篇报道中唯一一篇采用主题框架的报道，通篇由两人的对话组成，在对话体文字表述中将该村的巨大变化和历史机遇揭示出来。

2016 年春天，中国报纸副刊研究会组织全国各地的副刊编辑和文化记者前往西藏林芝采风，如今，《西藏日报》记者唐大山重访林芝，在柏树王旁边的巴吉村，偶遇一位名叫陈军的安徽老乡。陈军是这篇报道的灵魂人物和讲述者，在巴吉村住了 21 年，见证了这个藏族村庄在党的援藏政策和脱贫攻坚政策推动下所发生的沧桑巨变——这篇颇具特色的对话体文章，真实反映了巴吉村脱贫致富的来龙去脉，以口语问答，生动有趣。

文中的陈军对于巴吉村来说是"重要的他者"——他不是藏民，但是在当地生活了 20 多年，是该村巨大变化的亲历者和观察者，也是这篇报道重要的讲述者。

巴吉村的特殊地理位置和坐拥的资源在老陈的讲述中一一呈现：巴吉村位于 318 国道旁，徒步半个多小时能到市中心，其地理位置有很大的优越性，在这里居住的人们生活成本比城市里大为降低，对于商家来说，在这里开店盈利也还不错。

1998 年，得知福建省委领导送新一批援藏干部上岗来到林芝，当时老陈就去了巴吉村，因为他本能地嗅到了这个村的发展机遇和自己的人生机遇：如果东南沿海的省委领导到西南边疆的巴吉村考察，这个村迟早会发展起来——援藏资金向这里倾斜后当地政府自然会重点规划建设，巴吉村的发展前途是可以预见的。第二年，他毫不犹豫地搬到这里生活、做生意。事实证明老陈的眼光不错。

到 2020 年，巴吉村比日山下的柏树王已经高龄 3238 岁了，这棵柏树于公元前 1218 年出生，是目前地球上柏树中的"老寿星"。放在中国视野中，中华文明五千年，柏树王阅历过半，堪称中华民族之树。福建省援藏工作队看中了这棵宝树，一边营造旅游景点，一边加大宣传力度。如今，世人皆知巴吉村有棵柏树王，柏树王象征着传统，折射出丰富的文化内涵。

藏东南文化遗产博物馆俗称尼洋阁，坐落于巴吉村娘乳岗，向世人展示的是藏文化历史。这是一座五层塔阁式结构博物馆，是藏汉建筑艺术融合的结晶，也是由福建省援藏工作队投资修建而成。

巴吉村当年受疫情影响，旅游业受到冲击，但即使在这样的情况下，据柏树王风景区的售票员说，一天还能卖出一万多元的门票。在这里，往前看到的是比日山脚下的巨柏林，往后看到的是尼洋河畔的尼洋阁，这是游客往返于两个景点之间的必经之地。把这一带美化起来，两个景点连成一片，游客赏心悦目，巴吉村的村民休闲与增收兼得，发展又会再上一个台阶。

交通的便利和与外界沟通的频繁，让村民思想能紧跟时代发展而转变。巴吉村村民们利用背靠市区、紧挨国道、面向市场的区位优势，用政策扶持资金购买运输车辆，很快扔掉贫困帽子，为进一步发展打下了物质基础。

驻村工作队曾经告诉记者，援藏工作队和当地政府在2011年前后对巴吉村的"志智双扶"收到预期效果，这从老陈的讲述中得到了印证："你说平台，我想起一个问题的答案，巴吉村为啥发展越来越好，根本原因在于这里的人们主动寻找平台、善于利用平台。""这个平台其实全国各地的村子都有，主要是有没有意识到、能不能让它发挥作用。政策说搞活经济，巴吉村跑运输；政策说让民有所居，巴吉村建设安居工程；政策说发展集体经济，巴吉村建了好多厂子；政策说加强民族团结，巴吉村营造和谐社区。"

老陈早知道自己在国道旁的小店保不住了，他已接到通知年底要被拆除。但他不心疼反而高兴,因为"今年这里消失一个小店,明年在巴吉村的某一个地方会出现一个多功能的大店。我要继续和巴吉村村民一起勤劳致富奔小康"。

这篇对话体报道没有具体的故事,但是一个重要他者的讲述比记者的叙事来得更有信服力。由一个在巴吉村居住了21年的编外村民来讲述该村的脱贫致富发展之路,比通常新闻报道中提到的政策落实、今昔变迁更有吸引力。

4.《脱贫记忆"马"不停蹄》

该篇报道的作者不但是一名四川省乐山日报社的媒体人,而且曾是四川乐山市的驻村"第一书记",2015年7月底,作为乐山市驻石马村扶贫工作组重要成员,他开始了长达1000多天的驻村扶贫工作与生活,因为兼具"副刊人"与"扶贫者"的双重身份,所以写下了71万字的驻村日记,拍摄了4000多张记录乡村巨变的图片,并且以微信公众号的形式全程记录了四川乐山井研县石马村的脱贫过程。此次借着参加"重走采风路,共谱脱贫曲"大型专题采访活动之机,他专程回访石马村,再次关注石马村脱贫后的情况。

该篇报道的主题自然还是扶贫,几个贫困户在干部帮扶下脱贫的故事紧密围绕主题,因此该篇报道的框架是故事主题框架。在扶贫干部王京川的叙述中,三家贫困户的人生故事一一展现出来:富裕的家庭是相似的,贫困的家庭各有各的不幸与困难,让人在感叹生活的残酷之时又庆幸他们赶上了好时代、好干部，扶贫先扶"志"和"智"的理念在上面的故事中展露无遗。

这次旧地重访的记者既是驻村扶贫干部、贫困户境遇改变的重要见证者和帮扶者，又是这个村脱贫经历的记录者和传播者，同时也是文中故事主题框架的叙述者。

5.《乌江河畔重访思南》

2016年，中国报纸副刊研究会年会在贵州思南召开，百余位来自全国各地的文化记者踏入这个乌江之畔的县城，四年后，恰好是"十三五"从开始到收官的4年，借中国报纸副刊研究会组织的"重走采风路，共谱脱贫曲"大型专题采访活动之机，2020年金秋时节，有两位记者重访思南，看到"曾以血汗谋生的纤夫们不必继续在险滩上匍匐，外出务工归来者为传统'甩神节'赋予了现代文化意义，还有手艺精湛的剪纸艺人、花烛制作人，都在传承中发展传统的技艺。思南人民用自己勤奋的双手和智慧的头脑走出了一条颇具特色的脱贫之路"。

这篇报道采用故事主题框架，其主题是寻找思南的传统文化——乌江纤夫的回忆、"甩神节"的传统文化仪式、思南花烛和思南剪纸，多个故事围绕这个主题展开，讲述起来像行云流水一般，角色的转换与场景的变化衔接非常自然，各个场景和生活片段构成了思南这座小城特有的文化味道。

6.《稻城香格里拉：用美丽战胜贫困》

四川甘孜藏族自治州稻城县的香格里拉镇，曾被贫穷困扰多年。2016年《人民日报》记者刘裕国曾跟随中国报纸副刊研究会组织的采风团来到这里，2020年十月他又一次走进香格里拉镇，用笔记录了四年时间里这块土地上发生的巨大变化。

这篇脱贫纪实采用故事主题框架，体现了脱贫工作应该不只是让人民群众在物质层面上脱贫，随着人民群众生活水平的提高，应该使自身的眼界得以开阔、内在情感得以丰富，这才是人们生活质量得到的全面提升。

7.《基诺山的脱贫之路》

这是一篇时隔33年的旧地重访纪实。该篇报道采用的故事主题框架通过记者的回忆来展现，在记者的回忆中不断穿插着基诺族乡的今昔对比。

基诺族乡地处云南西双版纳的大山深处，这是全国唯一的基诺族[①]聚集区。1979年6月7日，基诺族被正式确定为我国56个民族之一，这也是56个少数民族中最后一个被国务院确认的民族。

1987年《云南日报》记者杜京第一次走进基诺山，当时那里的人们尚处于刀耕火种的原始生活状况，生活条件非常简陋。

---

① 在基诺语里，"基"为舅舅，"基诺"译为崇敬舅舅的民族。

2019年，基诺族实现了整族脱贫。2020年秋天，借着中国报纸副刊研究会与中国文联网络文艺传播中心联合组织的"重走采风路，共谱脱贫曲"大型采访活动的机会，杜京再次走进基诺山时，看到的变化是翻天覆地的。

8.《阿佤唱心歌》

本篇报道题目中的"心歌"是新歌的谐音，也是个隐喻——老百姓从心里唱歌，歌声反映的是群众的心声。这篇报道依然是采用故事主题框架来讲述的。

2017年全国各地的文化记者和副刊编辑们曾经走进云南普洱采风，他们走遍了普洱的村村寨寨，其中就包括佤族村寨班哲村①，体验民族文化、探访民风民情、感受边民的现实生活。2020年金秋，《人民日报》记者周舒艺再次来班哲村采访，亲身感受到了这个地处大山深处的阿佤族小村庄在三年中发生的巨大变化。

---

① 班哲村位于云南省普洱市西盟佤族自治县勐卡镇，西盟是全国仅有的两个佤族自治县之一，而班哲村的人口基本上都为佤族。班哲村还有一个更特别的文化身份——这里正是《阿佤人民唱新歌》这首经典歌曲的诞生之地。1964年，解放军某部通讯兵杨正仁随部队来到佤族寨子班哲寨架设电线时，听到了一首优美动听的佤族民歌《白鹇鸟》，他便以这首民歌为蓝本创作了一首歌曲，后来定名为《阿佤人民唱新歌》，这首歌很快便传遍了全国。

三、八篇副刊报道的共性与个性

在品读完上述八篇副刊报道后,研究者在思考这八篇报道的共性与个性在哪里。

这八篇报道的共性无疑都是在今昔对比中凸显扶贫攻坚的重要意义——人民群众对美好生活的向往就是共产党人努力的目标,只有消灭了贫困才能让人民群众共同迈向美好的小康生活,只有消灭了贫困才能有效缩小贫富差距并改变城乡二元结构,只有消灭了贫困才能补上中国经济与社会的发展短板。

这八篇报道的共性都是聚焦与西部文化产业走廊有密切关联的四川、云南、贵州、西藏等少数民族地区,这也揭示了"扶贫路上一个都不能少"的主题,全国56个民族要共同富裕,共同消灭贫困。这在世界减贫史上是一个创举和奇迹。这八篇报道生动地讲述了世界各个民族都关心的中国减贫故事,这些故事有人情味、带给人信心,更重要的是传递了减贫的成功经验——世界任何地区的扶贫脱贫工作都需要激发贫困人群自己的内生动力!

这八篇报道的共性都是讲述了以特色文化产业带动乡村振兴、少数民族群众脱贫的故事,例如茶产业、绿色农业、文旅产业、特色手工艺等,故事都娓娓道来,文笔优美流畅。

这八篇报道的个性在于报道框架不一、叙事有简有繁,有的通篇只用两人对话就完成了信息传递;有的叙事明线与暗线交织;

有的像俄罗斯套娃一样，在一个故事中套着其他故事，一层层推进下去，但都紧紧围绕脱贫主题；有的是以记者作为扶贫干部回访的视角展开叙事……

这八篇报道的个性在于随着文中特色产业的不同而描写的文化氛围不同，字里行间有茶的清韵、有手工艺的传承与创新、有旅游业依托的历史厚重感、有"直过民族"的欢歌笑语、有特色农产品带给人的希望……

近几年，国家一直在提倡讲好中国故事，从这八篇副刊报道可以看出，副刊文字可以起到对一般新闻报道的补充作用，甚至比常规的新闻报道更能发挥讲好中国故事的功能。

新闻报道和副刊文字都承载着"讲好中国当代发展故事"的重任，但是新闻报道讲的故事通常比较短平快，缺乏悬念设置或情感置入，故而新闻报道往往能完成传播任务，但是不一定能起到打动人心的传播效果，因为短平快的新闻报道中叙事文本的逻辑与故事中要素的安排往往无法打动（影响）受众，而本节选择的副刊叙事文本娓娓道来，其故事要素的安排有效影响了受众对其故事"意义"的理解。

四、延伸思考

伴随着对上述副刊报道的反复阅读，笔者也在思考以下问题：文化产业与农牧业、手工业之间有何关系？少数民族文化产业与副刊有何关系？少数民族文化产业与文化新闻有何关系？

1. 产业融合

文化产业具有很强的延展性与包容性，它能够将传统的农牧业、手工业有效地改造为新的业态，催生新的创新形式。我国是一个农牧业大国，农耕放牧养殖文化源远流长，而工业发展历史不足百年。在重视环保、强调"绿水青山就是金山银山"的今天，文化产业可以与农牧养殖业、手工业实现有机融合，将观光农业、采摘农业与亲子旅游结合在一起，让文化产业带动、助力农牧民脱贫，这也会在一定程度上促进新型农牧业发展、新型城镇化建设、乡村振兴、城乡教育与生活条件缩小差距等。

或许在不久的未来，随着文化产业与传统农牧手工业的成功跨界融合，我们就可以看到，城乡边界日益模糊，各种文化旅游小镇、主题小镇会带给城市人休闲放松的多元选择，而特色农牧手工业的发展既能为周边大中城市提供丰富的物质生活补给，又能为城乡一小时工作生活圈的打造提供便利条件。

2. 媒体作用

媒体可以协同其他社会力量一起为少数民族群众搭建各种与外界沟通交流的渠道，帮助他们改善生活质量。其中，新闻报道和副刊文字可以对少数民族地区鲜为人知的奇异自然景观、独特民俗文化、稀缺农副产品等起到宣传推介作用，让其走出深山、走出深闺，让大众知晓后去旅游、体验、购买，把少数民族群众常态化的生活场景、生活用品、农副产品等成功转变为大众感兴趣（未知欲知的）的商品，通过搭建消费扶贫通道来帮助少数民族群众脱贫，让他们付出相对少的代价（例如以开民宿、搞文化展演、搞特色养殖业等方式实现就地就业）就能获得共同富裕共赴现代化的机会，而这就体现了新闻传播对少数民族文化产业的协同创新传播作用。

那么，具体而言，副刊对于少数民族文化产业的协同创新传播作用有哪些呢？

首先，对传播形式的推陈出新。副刊对文字报道可以进行多角度多侧面的创新，可以尝试更多的文化传播形式，能够不断推出比传统的新闻写作文本更新颖、更让人喜闻乐见的报道形式，让少数民族文化产业在副刊文字中得到更生动有趣的展示，加强受众的印象、引发受众的向往。

其次，对传播渠道的创新。在多媒体协同条件下，宣传少数民族文化产业的副刊文字因为不具有很强的时效性，所以可以分解为碎片化的文化服务资讯，在各种手机客户端、各类网站上进行多次传播，将原本纸媒的副刊读者进一步转化为资讯用户，这可以帮助少数民族文化产业扩大宣传范围和影响，也可以为当地少数民族群众扩充与外界沟通交流的渠道。

最后，对传播效果的创新。副刊通过传播形式和渠道的创新可以吸引更多用户，通过增加用户体验机会和用户黏性可以进一步将用户转化为文旅业的消费者，而通过文化消费扶贫，又能促进全国广大少数民族地区（包括西部文化产业走廊区域）的文旅融合发展，继而助力当地经济社会的整体发展。

3. 文化新闻

有关特色文化产业的扶贫报道除了时政"硬新闻"外，还可以是更柔软而更有包容心的"软新闻"——文化新闻，文化新闻大多刊发在专副刊园地以及各类网站、客户端，这也是新闻媒体在创新报道形式、创新传播渠道与效果。

人们尤其是都市白领都喜欢在茶余饭后或工作之余休闲放松，他们先是通过平日里零碎时间的阅读对文化新闻中提到的新开发旅游地产生兴趣，再挑选周末或者节假日携家庭成员、亲友一起去这些文字描述中的地方打卡，当其在"朋友圈"中晒出亲身经历与感受后可能会引起更大的传播"涟漪"。

这些少数民族扶贫地区中刚刚开发或还未开发的地方，往往保留了宁静而古朴的原生态民族文化和自然风景，能让久居喧嚣都市的人们有一种回归自然、洗尽铅华的放松之感，能感受到生活的平实与美好。而对于当地原住民来说，通过文化旅游业的带动，能多挣些钱去改善自家的生活，并且在时常与外界接触的过程中开阔眼界，打破自己原先封闭保守的生活状态，进而带来生活更好的改善，这是一个由文化新闻引发的良性循环。

另外，文化新闻、文旅新闻雅俗共赏，在各类网站和各种客户端上也大受欢迎,这反映出,在新时代、新媒体背景下"新闻招客、副刊留客"这句老话可以改为"新闻告知、副刊招客与留客并重",因为文化新闻多在专副刊园地,这也可以视为副刊的传播形式、渠道的不断创新与传播效果的持续扩散。

第二节　影视剧的协同创新传播作用

新闻传播业界的第三方阵还包括影视(影像)传播,它具有直观形象、受众门槛低、传播范围广、技术手段多等多种优点,影视形象能够长久流传,对受众产生深远影响。

本节以央视热播过的电视剧《金色索玛花》作为分析对象。《金色索玛花》是一部脱贫攻坚题材的电视剧,该剧讲述了万月等扶贫干部带领村民摆脱贫困、走向乡村振兴的故事。该剧于2020年12月18日在中央电视台综合频道首次播出,并在爱奇艺、央视网同步播出,获得了广泛的社会好评。

接下来,笔者将从符号学分析和报道框架分析的双重视角来解读该剧。

一、符号学视角分析

1. "金色索玛花"的隐喻和转喻

隐喻和转喻是传达意义的两种重要方式。隐喻是通过类比指出两件事物之间的关系。转喻是以联想为基础的关系，用来暗示人们思维的符码，使人们能够做出适当的关联。转喻的通常形式是提喻，即以局部来指代整体或以整体来代表局部。一般来说，隐喻和转喻通常混杂在一起，有时候某个特定事物可能同时具有隐喻和转喻的意义。[1]

索玛花在百度百科中释义为在高山上开放的杜鹃花（又称为映山红），有"高山玫瑰"的美誉。在《金色索玛花》剧中，索玛花既有隐喻又有转喻：下乡扶贫干部万月和当地的彝族姑娘们一起在凉山深处的贫瘠大地上扎根，她们就是一批美丽坚强的"高山玫瑰"，从这个角度来说，索玛花隐喻剧中为扶贫和乡村振兴做出贡献的女性们；现实生活中，索玛花开在条件艰苦交通不便的高山上，凉山州的彝族群众聚居区在春夏盛开索玛花，从这个角度来说，剧中的索玛花是转喻，是以局部来指代整体，既是指凉山州彝族群众聚居区，也是指坚强的彝族群众。而"金色"也有

---

[1] 伯格. 媒介分析技巧[M]. 3版. 李德刚，何玉，董洁，等译. 北京：清华大学出版社，2011.

隐喻和转喻，它代表美丽珍贵，在剧中隐喻扶贫干部万月和那些为改变家乡面貌而努力的人们，同时，它也代表财富，在脱贫攻坚的大背景下，"金色"代表摆脱贫穷落后面貌走上共同富裕的希望之路，这是转喻。

因此，《金色索玛花》的剧名有着如下寓意：凉山州彝族群众聚居区的群众们（在剧中专指谷克德村以及该村村民）面临脱贫致富，扶贫干部万月和协助她的当地人们经历风雨洗礼，最终使村民成功脱贫，走上了富裕文明的金色希望之路。

2. 二元对立分析

在《金色索玛花》剧中，传统与现代的二元对立矛盾时时处处存在，但是到最后随着村子的脱贫致富都化解了。

第一，村支书古达（熟悉村民、传统）与扶贫干部万月（不了解村民、现代）的观念碰撞就是一对二元对立的矛盾，在扶贫工作刚开始时，对于鼓动村民种植草莓古达先是不同意，后来万月与他促膝谈心，反复沟通，使他打消了顾虑，转而支持万月，鼓动村民种植草莓。在扶贫工作进展到中途的时候，扶贫干部从州干部陈仪到村干部万月都鼓励村民易地搬迁，古达带头不同意，后来村里遭遇百年不遇的大暴雨，古达终于同意搬迁，谷克德村全体百姓搬进了新村，住进了新房。古达与万月之间治理村子的理念矛盾也在脱贫工作进展中都化解了。

第二，古达的大女儿阿呷和二女儿诗薇分别代表着没有文化、落后的贫困村民（传统）与掌握现代种植技术的技术员（现代），阿呷与诗薇矛盾重重，趁妹妹去省城学习之际，阿呷为了证明自己比诗薇强，鼓动村民们给草莓苗多施肥，没想到草莓苗全死了，给全村造成的损失最后靠诗薇想办法才得以化解，她让村民们在学会按科学规律种植后尝到了特色农业的甜头，到 2018 年 5 月，草莓迎来了第一次大丰收，在"公司 + 农户"的扶持模式下，大家不仅拿到了多果公司发的工资，还获得了丰厚的奖金。阿呷和妹妹的积怨矛盾最后都在日子过好后化解了。

第三，毕摩和儿子日火之间的矛盾也是传统与现代的矛盾，毕摩是彝族传统文化的代表，希望儿子接替自己的衣钵，但年轻的日火却宁愿外出打工，当看到村里通过草莓种植能脱贫致富时，他愿意留下来一起干。由于村里一些村民家的土地不适合种植草莓，所以在万月和诗薇的建议下，他开始接手负责成立小香猪合作社，带领村民们在特色养殖业上寻找致富之路，最终成功。随着乡村旅游业的发展，毕摩开始负责文化坝子，给游客讲解彝族文化。这时，毕摩与儿子的矛盾也得到了化解。

第四，村民的种种落后观念与扶贫干部万月、技术人员诗薇的现代理念处处存在碰撞，但是村民最终都接受了现代理念，例如接受种植草莓，接受先进的种植方法，接受成立草莓种植农村合作社；保守落后的伍加奶奶因为感恩万月救了孙子阿比，一向只信赖毕摩的她主动找万月看病，不久后她的胃溃疡就被治好了。

第五，万月的家庭与工作的矛盾也是二元对立的。女人属于家庭是传统观念，女人干工作出成绩是现代观念，这两者之间是存在矛盾的。刚开始，丈夫廖超不同意她下乡，逐渐地开始理解支持她，甚至自己做手术都怕影响她工作而隐瞒了实情。而万月因为救助生病的阿比去医院而打断了村民的祷告仪式，并不顾村民阻拦抱走了阿比，在村委委员和日火的帮助下驾车离开。阿比的手术很成功，疲惫一夜万月走出病房，忽然发现廖超瞒着自己独自做了手术。想到对家庭的亏欠，又想到扶贫成果付之一炬，万月终于忍不住放声大哭，决定辞去第一书记，放弃扶贫工作而回归家庭。这个矛盾的最终解决是：在古达村主任的劝说下，村民们终于意识到万月书记救下阿比的义举，回想起万月给他们生活带来的巨大变化，于是他们抱着鸡鱼和营养品来到医院看望廖超，向万月诚恳道歉，请她回去，万月彻底被感动，决定继续担任谷克德村的第一书记，丈夫廖超看到此情此景对万月的决定也表示深深的支持。

第六，剧情伊始的"种梨"与后来贯穿全剧的发展主线"种草莓"也是一对二元对立的矛盾。"种梨"代表的是传统的果农种植思路，该村农户不关心不知道市场销路如何，盲目种植梨子，导致丰收后滞销，这进一步加深了村民贫穷窘迫的处境，扶贫与脱贫的契机都在于转变思路去"种草莓"——这是村民世代没种植过的新鲜物种、新品种，也恰恰是适应市场需求的经济作物，是带领大家摆脱贫困的新路径。这个矛盾在村民的发展思路转变中慢慢得以消解，村民们渐渐理解了要种植适应市场需求的经济作物才能脱贫致富。

上述的这些二元对立矛盾都在脱贫工作的坚持推动下——得到化解，最终现代理念与传统观念实现了和解包容，达成的是美好和谐的局面，而这些美好的结果之所以能实现都得益于耐心细致的沟通说服与耐心等待，在事实面前村民们一次次被教育、被说服。该剧也为观众提供了改革发展的新思路：除了疾风暴雨式的改革，也应该有润物细无声的教化与引导，扶贫工作就应该是后者，在千万扶贫干部的协作和贫困地区内生动力的作用下，脱贫攻坚工作才会实实在在地生效。

二、主题框架分析

该剧的显性主题框架是扶贫，在这个主题下分解为两步：草莓种植与小香猪养殖，其实就是特色农副业扶贫。这是贯穿全剧的明线。而该剧隐含的主题框架则是贫困村子里人们发展观念的转变。

随着特色农业扶贫，现代的种植、养殖技术与管理销售理念如何在落后保守的村民中扎根推广（发展传播学中的创新扩散）就是一个难题，也造成了剧中人物的一次次冲突与矛盾平息。

与贫穷落后生活告别后村民如何适应现代化生活也是发展观念转变——如何适应现代生活，例如，伍加奶奶非要在家里放火盆，威胁说没火盆就返回山里，儿子媳妇只得弄了个简易火盆过来，却不想老人晚上带着阿比在厨房挨着火盆睡觉而一氧化碳中毒，万月救下两人，并且叮嘱伍加奶奶说不能再用火盆了，伍加奶奶失落之际，万月送了一个电子火盆过来替代，终于让她安下心来。这里，电子火盆既是现代化的取暖器具，但也因为是火盆的样式而让守旧的老人接受了这一新事物，这其实也揭示出传统与现代在碰撞中也可以互相融合。

在村民逐渐迎接现代生活而扬弃糟粕的时候可以适当保留传统文化记忆：剧中随着乡村旅游业的发展毕摩开始负责文化坝子，给游客讲解彝族文化这个情节，也体现了这一隐含的主题框架。

由毕摩主持的毕摩仪式作为彝族群众生存发展历史中的一种古老仪式与集体记忆，自然有其历史文化价值，以恰当的方式予以保留，让其在现代生活中继续发挥特定的文化价值，这也是科学发展观念的体现。因为，在传统与现代的碰撞中，如果完全抛弃传统文化的影响，人们将会无法定位自己的过去，导致在现代化生活中迷失自我（忘记自己是从哪里来的），如果适当地保留传统文化的记忆，在现代生活中人们会知道自身的历史，会明白自己和周围人发展的轨迹，就不会陷入过分焦虑与迷茫之中。

该剧的显性框架和隐性框架并行，在显性框架中的扶贫主题指引下，隐性框架中的发展观念转变一步步显现，最后达成的是显性框架和隐性框架完好地融合在一起，即在谷克德村脱贫攻坚战打赢后，村民们走上了共同富裕的现代化发展之路，科学发展观念在一步步落实，在接下来的乡村振兴征程中，该村（象征着全国脱贫攻坚战中千千万万个贫困村和贫困地区）的脱贫成果巩固就要依靠自身的造血式发展，就要依靠村里的骨干力量（比如日火、诗薇、观念转变后的阿呷等）带动大家一起发展奔小康，而他们借助的外力就是国家政策的"东风"和驻村干部们具体帮扶措施的落实到位。

综上所述，大众传媒的新闻报道是新闻传播业界的核心层，副刊文字和影视（影像）传播是新闻传播业界的关联层，新闻报道是通过简洁的新闻体裁去直白地表现特色文化的扶贫情况、扶贫成就与少数民族地区贫困人群生活的今昔对比，其文字的描述更接近真实的生活状况；副刊文字兼具新闻报道的直白和文学语言的丰富，所以既能反映真实的社会生活，又能通过读者浸入式的阅读而把文化意味传达出来；而影视（影像）传播则是通过对真实生活的加工、升华、美化、浓缩来反映千万相似的扶贫与脱贫故事。

相较于新闻报道和副刊文字，影视（影像）作品更能通过渐进式、代入式的观看体验来让观众了解少数民族地区独特的风土人情，能更长久地把扶贫与脱贫的人物形象流传下去。另外，影视（影像）作品因为观看的门槛比阅读的低而能更广泛地凝聚社会共识。

对于西部文化产业而言，新闻传播业界的核心层和关联层各自都起到宣介作用，但是如果它们能够协同起来，立足各自的优势不断创新传播形式，就能为该区域的文化产业发展起到很好的推动作用，产生良好的协同创新传播效应。

第六章

新闻传播业界的外围层——其他文化传播实体协同创新传播作用

Research on the synergistic innovation effect of news communication on western cultural industry

第六章 新闻传播业界的外围层——其他文化传播实体协同创新传播作用 | 157

第一节 学理分析

在新闻与传播的实业方阵中除了新闻传播核心圈层及其关联层之外（例如副刊、影视剧、报告文学等），还有外围层——其他文化传播实体，例如四川省凉山州颇具品牌影响力的阿斯牛牛餐饮文化公司（在北京、成都等地皆有分公司）、茂县的羌绣文化传播公司，西藏自治区的藏族文化餐饮企业、藏绣企业、藏药公司等。本课题组成员在调研这些文化传播企业的基础上，形成了本章的典型个案分析。

本课题组成员在调查研究过程中，陆续去四川文旅厅、西藏文旅厅、云南文旅厅和甘南文旅局等文化管理机构以及四川日报报业集团、成都传媒集团、云南报业集团、西藏传媒集团、康巴卫视、凉山文广集团、凉山非遗中心、西藏动漫企业、四川夹江文化产业园以及大凉山南红玛瑙城文化产业园等媒体和传播实体进行过实地考察和深度访谈，但在写本章内容的时候考虑再三，决定放弃对这些传播实体的"关照"（因为已经有前人提供的大量研究资料、我们若再跟进这些研究则相对缺乏原创价值），转而开辟新的研究角度、采集新的研究材料。

在"十三五"收官（脱贫攻坚背景下）与"十四五"开局之际，以及在新冠疫情的持续影响下，特色文化资源如何赋予西部地区的传统产业新内涵与新发展，这是本章调研的基本思路与出发点。本章所选择的文化传播实体都呈现出传统业态与特色文化创意产业融合发展、协同创新的态势。

"必须强调，将专门生产纯粹的文化产品与生产纯粹的实用产品的产业划分开来的分界线并不存在。相反，各行各业的产品或多或少都带有文化性和实用性……其产品都是文化性和实用性的不同组合（如鞋、眼镜或汽车）。"实际上，文化产业与传统产业之间并非泾渭分明，其产品都可以兼顾文化性和实用性两方面，而大力推动特色文化产业的发展就是将特定的地域文化符号巧妙地融入传统产业的发展中去，在实用产品的设计、研发与使用中加大特色文化体验的价值。

我们将调研的焦点集中于文化创意产业如何与西部地区的传统产业相互融合，让传统产业焕发出新的生机，提高其产品自身的文化附加价值，从而更加适合市场需求。下文即将提到的餐饮业、手工织绣业、传统民族医药与畜牧业这些传统产业都因为国家将文化产业作为战略性新兴产业而面临改造和发展的新机遇。

《藏羌彝文化产业走廊总体规划》是我国第一个国家层面的区

域文化产业发展专项规划，这意味着文化产业在国家战略层面上已经被视为可以推动民族地区经济结构调整和发展方式转型的新兴产业和新的经济增长点，进而发展成为民族地区经济发展的支柱性产业，再进一步带动该走廊区域的民族地区实现经济与社会的现代化转型。

"一般而言，文化产业不但对环境无损，还能为高技能和高薪资的创意型劳动力持续增加就业机会。此外，文化产业对经济形态带来的积极效果，对于提高一个地区的生活质量，提升地区的整体形象和声誉，都会产生很大的贡献。可见，文化产业是一种深植于地方环境的产业，呈现出高度的地方特色。"正因为文化产业有这些特点与优势，因而对地方政治决策者具有很大的吸引力，"他们都想借助于文华产业的发展，对本地经济和城市发展中的许多问题找到新的解决办法"。

在西部文化产业走廊区域内发展新兴文化产业的目的是帮助传统产业改造进而焕发新的面貌和生机，通过战略新兴产业与传统产业之间的融合发展来提升传统产业的自主创新能力。"以文化创意产业推进传统产业改造，就是发挥文化创意产业的辐射带动效应和融合效益，以改善传统产业生产要素配置方式和使用效率为核心，在要素结构、产品结构、产业结构、产业形态、经营方式和发展方式等层面对传统产业进行改造提升。"

工业和信息化部发布的《信息技术改造提升传统产业"十一五"专项规划》（2008年10月）提出：传统产业是以采用

传统技术、运用传统方法进行生产或以劳动密集型和资本密集型组织生产经营的各类产业。传统产业涉及第一、二、三产业，包括农业、传统制造业、能源工业、传统服务业等这些行业都是以劳动和资本密集型为主要特征。

学者李剑在2015年对四川省羌族聚居区茂县进行调研后发现"民族文化创意产业具有显著的正外部效应，其与传统产业的融合发展在推动传统产业改造中具有积极作用"，他对文化创意产业与传统产业的互动关系做了如下辩证论述。

文化创意产业本来就是产业结构调整和产业融合发展的结果，是知识经济和新兴产业的有机融合，其对传统产业的改造在于对传统产业所具有的广泛融合性，即能够把信息技术、文化创意、产品设计、生产制造和服务融合为一体，通过产业链的延伸而拓展经济发展空间。

而传统产业的改造就是运用先进技术尤其是信息技术对其落后的生产组织方式进行改造，实现生产要素配置方式优化的目的，将其高能耗、低效率的粗放式增长模式转向高效、环保和智能型，提高传统产业在生产和服务环节的信息化水平、智能化水平和现代化管理水平，促进信息产业和传统产业的互动融合，以市场需求为导向提高产品质量和核心竞争力，从而实现传统产业的转型升级，这是传统产业改造的基本内涵。

文化创意产业所具备的创新扩散效应在传统产业中会引起发展理念的主动更替，继而引发经济发展方式的转型——原先传统产业粗放型的增长方式最终会被以创新驱动的集约型增长方式所代替。①

第二节　该走廊区域特色民族文化餐饮的品牌传播

文化创意产业本身并不具有明显的产业边界，它与传统产业融合发展，借助耦合效应而产生新的经济业态。本节中提到的两个民族餐饮品牌就是与藏羌彝民族文化创意产业相结合从而塑造成了当地的文化产业品牌。

文化创意产品产生高附加值的主要原因在于文化创意产品通过满足消费者精神层面的需求或心理需求而产生溢价效应。以文化创意产业推动民族地区传统产业产品结构的改造，就是在传统的生产要素中增加民族文化、创意、信息等多种元素，重新组织生产，赋予传统产业的产品以民族文化内涵和创意性、信息性特征，将产品的实用性（基本使用价值）与文化性相结合，同时满足消费者的物质使用需求与精神审美需求，让产品在具备基本使

---

① 李剑. 民族地区文化创意产业推进传统产业改造路径探索——以西部文化产业走廊为例 [J]. 新西部, 2017（4）: 17-19+8.

用价值的同时还可以满足消费者的观赏、体验、收藏、赠送、投资、娱乐、休闲等更高层面的需求，这样就会极大地提高其附加值。

本书调研者在实地走访、体验中对阿斯牛牛和思金拉措餐厅进行参与式观察，这两家餐厅都是对传统的餐饮业进行了一定程度的改造，将传统的餐饮产品与服务赋予了本民族文化内涵和创意性、信息性特征，将产品的实用性与文化性相结合，满足了消费者的观赏、体验、娱乐、休闲、聚会等多重需求。经过这种改造后的两家餐厅都从传统意义的餐厅转型升级为本民族文化的传播实体，进行特色民族餐饮文化的品牌传播。

阿斯牛牛餐厅作为彝族文化的综合载体，在新闻媒体（传统媒体与新媒体上）经常可见对其的宣传，思金拉措藏餐厅是调研组成员在小红书上获知，然后实地去考察。这两家民族文化特色餐厅作为特色民族文化传播的创新实体，起到了协同创新传播作用，与其他新闻传播方阵形成了传播的协同创新效应。

一、彝族餐饮品牌代表——阿斯牛牛

阿斯牛牛是凉山的国资企业凉山文旅投公司投资运营的文化餐饮品牌，目前在四川省西昌市、德阳市、成都市和首都北京各开了一家店，传播彝族餐饮文化与特色民族文化表演。

调研组成员们于2020年彝历年到西昌的时候，本打算直奔阿斯牛牛参观，但是当时订不到座位，于是改去凉山风酒店，感受了一台彝族文化表演的精神大餐。

2021年6月15日，笔者和另一名课题组成员专程去成都阿斯牛牛店考察，该店位于成都市高新区世纪城路200号（新会展中心北门），店门口就有一只威武的牛雕塑树立着，有着浓郁的民族风情，也像店名Logo。一走进酒店，大凉山的农产品就摆在走廊很显眼的位置。

餐饮店在酒店二楼，我们上去后巧遇从北京分店调过来的服务人员姜某，她热情地称我们为表哥表姐，告诉我们这里完全按彝族群众称呼客人的方式，带我们参观的包厢小的能容纳六七人，包厢名是"表哥""表姐"，而大包厢一般都容纳10多个人，包厢名是"姑姑""舅舅"，这也是按彝族群众聚餐的方式，因为一般姑姑、舅舅家聚餐肯定人数比较多，而平辈之间人比较少，这也反映出彝族群众很重视大家庭的聚合和血缘纽带。这里的包厢最低消费不少于1380元，每次聚餐伊始都有彝族演艺人员送上三首热情的祝酒歌，如果客人还想听就需要额外点歌，一首是200元。

在二楼餐饮店的大厅中央有演艺舞台，通常是晚上有半小时演出，如果大厅里有六桌满座及以上的规模，演出就可以开始。当我们说起演出时间与凉山风相比较短时，她说成都阿斯牛牛餐厅里的客人一般观看半小时表演就比较满意了，时间长了可能会对客人造成干扰。后来，她又说起北京北锣鼓巷的分店常因为歌舞表演被客人投诉，理由是干扰到客人洽谈事项，而且周围居民也时常埋怨该店的歌舞声音扰民。笔者认为这是因为北京的客人来自全国各地甚至是世界各地，因为文化差异而造成不了解民族歌舞的文化内涵，因而无法欣赏表演，反倒将其视为干扰或噪声。这从侧面说明藏羌彝文化的传播尚有很长的路要走。

店里的食材都是阿斯牛牛集团统一配送的，现在是产供销一体化，店里每个点餐服务人员还负责推销凉山州的新鲜水果。另外，凉山州的特色农产品也都在餐厅的各个显眼区角摆放（见图6-1），前来用餐的客人经常有购买的。

图6-1　餐厅展柜陈列的大凉山农产品

当我们问起从2020年春节持续到现在的疫情对该店生意是否

产生很大影响时，她说 2020 年上半年因为疫情比较严重，阿斯牛牛餐厅的生意受到较大影响，但是集团开展的线上配送业务有效弥补了线下生意的清淡，除了餐饮配送服务外，集团农业基地的水果（产地在凉山）也通过餐厅各服务人员的推荐而得以配送销售。因而成都的这家餐厅从去年一年的营业额来看确实比往年略有下降，但盈亏基本能持平，这与线上配送服务有莫大关系。

我们在她的建议下在线点了一个两人 100 元经济套餐，体验了一下店里的美食与餐饮环境。该店窗明几净、环境优美，就是桌上点餐付款的二维码失效了，付费得去比较远的大厅总台。我们把这个情况反映给姜某，另外又建议她给集团反映：推销水果可以借助微商、电商平台，集团后台可以开发相应的小程序，这样就不用服务员自己去推销时令水果，可以大大减少水果营销的中间环节。

二、藏餐典型个案——思金拉措·庄园藏餐

"思金拉措·庄园藏餐"位于拉萨河畔，是拉萨的网红藏餐厅（小红书上曾大力推荐），在这里能体验到西藏古老的宫廷饮食文化。外地游客和本地人都喜欢到这里"打卡"体验地道的藏餐，并且边享受美食边欣赏古老的浪玛堆谐（民族歌舞表演）。

思金拉措餐厅沿袭了西藏古老建筑的风格（见图 6-2），大门两侧有两头雄壮的牦牛屹立着，牦牛目光朝向三顶黑帐篷，这里

的一切都充斥着浓浓的民族风情。本课题的调研者们还没来得及感叹思金拉措庄园的占地面积之大,便由热情的仁青经理带着开启了这趟藏式餐饮文化之旅。

图6-2 思金拉措门店大门

走进大堂,首先映入眼帘的便是摆在大厅中央的西藏古老的灶、牛粪、煮茶器具,糌粑磨盘和各种食材用具。仁青经理介绍说,目前为止思金拉措共有三家店,而眼前这家总店是专门为了供人们体验西藏古老的饮食文化而创办的,因此这里展示着许多西藏古老的饮食器具、食品材料、黑帐篷等,如图6-3所示。

图6-3　思金拉措大堂展出的食品原材料及器具

据仁青经理介绍，思金拉措餐厅自2015年成立以来一直秉持着传播民族饮食文化的宗旨，企业的努力逐步得到了社会的认可，2018年拉萨市政府把思金拉措纳入了拉萨市文化产业发展专项资金扶持项目。

黑帐篷作为西藏最原始古老的住所，是藏族传统文化重要的实物代表，因此该餐厅便产生了搭建黑帐篷让游客参观体验的创意，让外地游客在餐饮文化中也能领略藏民族古老的智慧，进而传播西藏传统民族文化，如图6-4所示。

图6-4　思金拉措门店外搭建的黑帐篷体验区

思金拉措在餐饮上进行创新，努力兼顾大众口味，而消费者在品尝美食的过程中还能享受到精神大餐，体验到昔日西藏的宫廷文化。

思金拉措主打的是藏式火锅，锅底是由牦牛肉骨头经几个小时的翻滚熬煮而成，仁青经理告诉调研者们："这样熬制出来的汤底不仅味道鲜美，而且具有很高的营养价值"。随着时代的变化，人们的口味也有了相对的变化，因此创新成为应对这一问题的最好的解决方法，他说，"由于每个地区的口味不同，本地人和游客口味不一，为了迎合大众口味，我们对菜品进行了一定的改良，赢得了顾客的认可，也就取得了初步成功。"

思金拉措除了美味食物还有朗玛堆谐——藏族特色歌舞表演。"每晚七点半到九点，餐厅里都能欣赏到饱含藏族传统文化特色的歌舞表演，这种表演形式是沿用了西藏古老的宫廷文化边吃边看表演的习俗。"仁青经理说，"这里的一部分客人是专门为了观看朗玛堆谐而来的。"

由于调研的时候正值中午，因此调研者们未能欣赏到表演，但是看到台上摆放的乐器及舞台的设计（见图6-5），也能够想象到夜晚来临后思金拉措热闹的场面。

图6-5 朗玛堆谐艺术表演场地

仁青经理介绍说，思金拉措在硬件设施和规模上不属于藏区高端藏餐厅中的一线品牌，但是思金拉措的软件——其管理思想给藏区各餐馆带来过很多启发：给员工发放统一的服装、年底公司举行年会（有歌舞表演并发年终奖等）等管理模式引得其他餐馆纷纷效仿。这种模仿行为并没有给他们带来苦恼，反而让思金拉措管理层觉得是自家带动了藏餐厅的管理走上规范道路。思金拉措目前有三家店，分别在太阳岛、万达和仙足岛。今后打算再开两到三家，从业人员会增加五六十人，招聘对象以当地贫困的农牧民为主，这样也算是带动了农牧民就业。

无论是食物传递还是文化的传递，都不能孤立地传承，它需要通过时间的沉淀，需要融合、需要创新、需要载体，更需要人们不断的探索与追求。

"以文化创意产业推进民族地区传统产业的改造升级，必须通过产业融合发展的方式，将文化创意产业所具有的信息、技术、创新、文化等元素扩散到传统产业的生产组织过程中，从而优化传统产业要素配置方式，进而在产品结构、产业结构、产业形态、经营方式、发展方式等多个层面对传统产业进行改造。"[①]

---

① 李剑.民族地区文化创意产业推进传统产业改造路径探索——以西部文化产业走廊为例[J].新西部，2017（4）：17-19+8.

第三节 该走廊区域内的羌绣与藏绣企业

一、羌绣企业

本课题调研组成员在2021年6月5日前往四川省阿坝州羌族群众主要聚居地之一茂县，对四川羌寨绣庄有限责任公司进行实地考察，并对公司的常务负责人和绣娘进行了访谈。

四川羌寨绣庄有限责任公司成立于2004年，主要以羌族传统制绣为主，生产羌族民族服饰、羌绣工艺品、旅游纪念品等。该公司以"公司+基地+农户"的模式经营，现有羌绣加工基地264个，从事羌绣的农村妇女3000多人。公司外貌及其发展成绩，从图6-6、图6-7中可见一斑。

图6-6 羌寨绣庄大门

图6-7 公司历年来获得的荣誉

四川羌寨绣庄有限责任公司位于茂县凤仪镇禹羌大桥南侧，阿坝州的东南方位。调研组成员在实地考察中发现，公司规模不大，工作地点为四层自建楼，一楼设有羌绣展厅和机绣工作间；二楼为库房和办公室；三楼为绣娘手绣工作室；四楼设有培训教室。该公司成立后的前几年曾经开设过羌绣技能课程，培训了1000余人，场次有30多场，但因为政策扶持力度不够、资金缺乏，导致公司里目前空有培训教室而缺乏培训课程（见图6-8），也没有能够提供培训教学的固定绣娘（手工技艺传承人员）。

图6-8 羌绣培训教室

羌绣产品的制作主要分为手绣和机绣两种，手绣价格为机绣价格的 3~4 倍（如一条腰封手绣产品的价格为 900 元，而同类的机绣产品约为 300 元）。手绣产品主要是由散户绣娘提供（见图 6-9），这些绣娘利用平时的闲散时间在公司领到图案后回家自行刺绣，定时上交成品，刺绣周期根据不同的产品和大小而定。机绣产品一般由两个机子绣一大张绣品，大约需要两天时间，主体工作完成之后再由一个员工耗费一两个小时去修剪掉机绣绣花的多余线头，如图 6-10 所示。

图6-9　学员手工绣品

第六章　新闻传播业界的外围层——其他文化传播实体协同创新传播作用 | 175

图6-10　工作中的绣娘

公司目前只有一个负责机绣的绣娘，每月 2000 元的固定工资为其主要收入来源；公司目前没有固定上班的手绣绣娘，手绣绣品都出自散户绣娘，其人数不好确定，没有经过公司统一培训，大多为家族传承的手艺，这是因为羌族妇女自小从家族长辈那里学习刺绣手艺，"使用手中的针就像使用筷子一样自然"。

羌寨绣庄公司的一楼设有羌绣展厅，对外开放展示公司的绣品，里面主要陈列的物品有羌族服饰、鞋帽、腰带、壁画、手工艺品，创新型产品有带刺绣的女包、高跟鞋，其产品制作主要是以市场需要为导向。

该公司日常最大的客户群体是羌区穿戴传统服饰的少数民族

群众（主要为妇女、老人），其次会有一些旅游公司进行订单采购，将订制的羌绣产品提供给来当地旅游的游客作为纪念品。

负责公司常务的袁女士给调研人员推荐了其中手艺较好、住在茂县县城里的一位杨姓绣娘。调研组成员到杨绣娘家访谈后得知，在2014年西部文化产业走廊初期建设阶段，该公司羌绣产品的生产和品牌推广曾经取得明显成效，原先手绣一块头巾只能获得60元的劳务费，从2014年开始渐渐增加到200元。杨绣娘表示，在羌绣公司没成立以前，羌族妇女的手绣成品都是自给自足、自绣自穿，在公司成立后，她们可以依靠羌绣手艺为家里增加收入，生活比起单一种地来说要好得多。杨绣娘是公司的"老人"了，为公司提供了十几年的手绣产品，当问到客源时，杨绣娘说，"闻技而来"的买家要比公司给的报酬多，但公司提供的就业机会是稳定的。

提到手艺传承方面时，杨绣娘表示，羌寨出生的孩子从小耳濡目染，打小就拿针线刺绣，女孩大多数乐意跟随母亲学习羌绣，愿意学习这项传统技艺的男孩较少。感兴趣的外地人如果想要学习羌绣的话，绣娘们很乐意教学，这也是为了使羌绣手艺能够更好地传承下去。

通过此次对四川茂县羌寨绣庄的调研，可以看到《西部文化产业走廊总体规划》的政策出台确实为传统羌绣的发展带来了一线生机，而羌绣业的发展也为羌族妇女带来了就业机会，为少数民族贫困地区带来了脱贫希望。但是本次调研也发现了一些亟待改善之处。

在西部文化产业走廊的发展中，羌绣这样的民族传统手工艺应该在政策持续的关照、各类资金的持续注入下得以传承与发展，更重要的是这项手工技艺的长效培训机制必须建立起来，否则传承与发展都会遭遇瓶颈。文化创意与创新元素也必须随时注入这项传统手工艺中，从目前对羌寨绣庄的调研来看，该公司尽管有辉煌的成绩，但是因为政策扶持和资金问题的制约，目前只能保持传统技艺而创新不足，这会进一步限制其市场发展空间，而这又与缺乏专门设计人才、现有绣娘培训力度不够有莫大关系。

未来，如果这一类羌绣公司能实现向现代化公司转型，并进一步实现规模化、集约化生产，提升公司在产品研发、设计与销售上的优势，公司产品能瞄准更广阔的国际国内大市场，在竞争中牢固树立自己的羌绣品牌，就可以更好地让传统手工技艺传承发展下去，随之也能更好地改善当地脱贫群众的生活。

二、藏绣企业

在西藏，唐卡作品高悬于每一个家庭以及每家商铺中。

唐卡至今已有1300多年的发展历史，是藏族文化中一种独具特色的绘画艺术形式，其主要作品题材和绘画内容几乎涵盖了藏族传统文化、政治、历史、社会生活等众多重要元素，具有鲜明浓郁的民族文化色彩和独特的绘画艺术风格。唐卡于2006年被国务院、文化部认定并列为第一批国家非物质文化遗产名录。

随着西藏"唐卡热"和"旅游热"的兴起，唐卡逐渐走上了产业化的发展道路，在西藏形成了一条文化产业链。在拉萨旧城区八廓一带，唐卡专卖店随处可见，这些店大多是唐卡画师自己边画边卖边经营的。而这一次调研者有幸采访到了勉唐派画师尼玛旺堆老师。

尼玛旺堆老师在拉萨丹杰林路经营着一家属于自己的唐卡店，并以自己的名字命名为"尼旺唐卡"（见图6-11）。这家店自1998年开张以来，已有20多年的历史。尼玛旺堆老师告诉调研者们："这家店是为了尽自己的绵薄之力来传播唐卡艺术文化而开张的。"

图6-11 尼玛唐卡店面

尼玛旺堆老师介绍，唐卡绘画流派有好几种派别，"其中嘎玛嘎孜画派、勉唐画派、钦则画派最为突出，每个画派的绘画风格及画法都不甚相同。而我们勉唐画派相较于其他画派的主要特点是会在主尊（佛像）身后的背景下加入汉地的青山绿水等元素，尤其注重线条的运用。而色调较其他流派更为活泼鲜亮，布局也比较活跃多变。""唐卡文化有着几千年的传承，如果我们这一代人不做点努力，再经过两三代人后，欣赏唐卡就只能去博物馆了。"

当时在店里有几个20来岁的学生正在作画，据了解，他们有的已经学了几个年头了，有的是刚入门的，共同点都是热爱唐卡艺术。尼玛旺堆老师至今为止培养了30多名学生，而大部分学生现在已经出师，也有了自己独立的发展之路。

"老师是春雨，浇灌着渴望得到知识的我们。"尼玛旺堆老师说，在他这一生中最让他骄傲的是师承于贡桑朗杰大师。贡桑朗杰大师是1930—1940年在布达拉宫内工作的壁画大师，在20世纪70年代后期贡桑朗杰老师招收了六七十名学生，而尼玛旺堆很荣幸地成为其中一名。

他回忆道："那时候我十六七岁，由于家里崇尚佛教，便从小对唐卡文化产生了浓厚的兴趣，后来在家里的支持下拜贡桑朗杰为师，开始学习。经过十几年的努力学习，我画的唐卡得到了老师的认可。"一直以来，尼玛旺堆都遵循着老师的教诲，为传播民族文化贡献着自己的绵薄之力。

绘制一幅唐卡，是非常复杂而又讲究的一个过程，需要制作画布、上框、打磨、构图起稿、着色染色、勾线定型、铺金描银、开光加持等，用时相对较长，短则半年，长则需要十余年，而这一系列过程都需要唐卡画师自己亲力亲为，一幅好的唐卡作品取决于唐卡画师独到的见解及品位。每个唐卡画师都要经过长年累月的学习和训练才能开始正式作画。"画画如画心，画唐卡就是一场心灵的旅行"，尼玛旺堆老师认为，一幅唐卡的绘制不仅仅是在考验这个唐卡师的画功，更大程度上是考验其内心修炼，需要始终保持一种平静的心态。

"现在市面上充斥着许多劣质唐卡，这不仅是对神圣的唐卡艺术的亵渎，更是影响着唐卡艺术的发展"，尼玛旺堆老师说，"唐卡画师应该对这种行为进行抵制，不应该随波逐流，应该尽力保证唐卡的质量，努力传承和弘扬唐卡艺术。"

第四节 该走廊区域内的藏药传播

调研组专门去采访甘露藏药公司，其研发部门的负责人介绍说甘露藏药拥有55个国药准字号产品，另外还有一项国家级非遗项目——"欧曲坐珠钦莫"(简称"坐台")。①

甘露藏药立足于药店市场(这是他们发展的基础市场),其七十味珍珠丸、仁青常觉、七十味珍珠丸微丸、仁青芒觉(就是上述媒介文本中提到的在抗疫中发挥重要作用的藏药)、二十五味珍珠丸微丸、二十五味珊瑚丸微丸等名牌产品走专卖店、专柜、连锁店、单体店相结合的特色销售模式,而互联网技术支持下的电商渠道对甘露藏药的营销宣传带来了更多的机遇。

为了树立甘露藏药品牌,该企业很重视广告宣传效果,他们在央视、各地方电视台与卫视、各广播电台以及各类网站都进行过广告投放。

该企业亦很重视建设和维护自己的门户网站,他们通过国家顶级域名注册建立了"甘露"藏药企业门户网站。目前,"甘露"藏药网的作用已日益显现,通过百度搜索引擎进行搜索,发现"甘露"藏药网的排名在藏药网中很靠前。此外,他们还建立了甘露藏药的今日头条号、企业微信公众号和微博,多渠道对甘露藏药进行宣传。

该公司以往聘请藏医老专家每年春秋两次对全国病人进行巡回义诊,藏医执业医师日常进行全国巡诊,执业药师日常进行用药指导。随着市场的不断开拓、甘露用户的不断增长,以往传统

---

① "坐台"被雪域人民称为藏药宝中宝,即把剧毒的水银经过特殊加工炮制后,炼制成无毒且具有奇特疗效的甘露精华。经过多年的临床实践证明,"坐台"对脑溢血、麻风、痔瘤、炭疽、关节痛风、黄水病、高血压、心脏病以及各种过敏症、中毒症等疑难杂症具有奇特的疗效。

的现场义诊方式效率低下，已经不能满足各地用户的需求，所以甘露藏药利用远程视频咨询系统，在藏医与患者之间搭建了一个"面对面"的桥梁，建立了两个不同响应级别的藏医诊疗端，一般患者由成都营销中心藏医团队提供日常服务，特殊疑难患者由总部专家办老藏医和成都营销中心藏医共同在线会诊。这个桥梁横跨时间、空间之上，能够解决藏医资源最大化服务市场的难题。这也符合近年来国家鼓励中医药界推行"互联网+"远程医疗模式的方针。

第五节　本章小结

在新闻与传播业界方阵中除了新闻传播核心圈层以及其关联层（例如副刊、影视剧等）之外，还有外围层——其他文化传播实体。

西部文化产业走廊区域内有很多立足于特色民族文化某个点的中小微文化企业，例如藏羌彝绣企业、藏彝餐饮文化企业、藏医药企业等。本章以调研组成员们在该走廊区域内实地考察过的若干中小微文化传播企业为例，初步探索他们是如何将文化创意产业与传统产业（手工艺、餐饮、医药）相融合，尽管这个融合发展的过程尚不完善，这些文化传播实体大都没有做大做强，在发展中还会遇到各种问题，但是这并不影响它们呈现出旺盛的生命力。

新闻传播核心圈层及其关联层为受众提供的是各种媒介文本与虚拟的信息传播环境，能让受众对该走廊的特色民族文化产业与产品有初步的、间接的认知；而该走廊区域各类文化传播实体作为新闻传播的外围层，则提供了受众对民族特色文化感性的、直接的线下体验。虚拟与真实、间接与直接相互结合能够起到更优化的文化传播效果，也就是在新闻传播业界内部实现了协同创新传播效应。

第七章

新闻传播"三界"协同创新传播作用思考

Research on the synergistic innovation effect of news communication on western cultural industry

第一节 概述

从前面几章所述的考察情况来看,目前,在西部文化产业的发展中,新闻传播界作为一个整体——传播的总系统,其协同创新传播的战略过程尚处于起步阶段,新闻传播界的三个子系统彼此之间的协同创新、各个子系统内部多个创新主体的整合协作以及新闻传播各个子系统与社会其他系统(辅助因素)的协同都有很大的提升空间。

在新闻传播"三界"的协同创新传播战略过程中,新闻传播业界起主导作用,新闻传播学界与教育界起协助作用。

从考察情况来看,新闻传播业界中传统媒体(以中央级纸媒为代表)的新闻报道对西部文化产业起到了比较好的传播作用,但是传统媒体的相关新闻报道与各层级的新媒体尚未实现很好的整合联动;在对西部文化产业走廊的宣介中,媒体的新闻报道与相关的副刊、影视(影像)传播相互配合能起到良好的协同传播效果,目前新闻传播业界已经做了很有益的尝试;西部地区的各类文化传播实体都对西部文化产业起到了宣传、推动作用，实体提供给受众"实实在在"的体验、感悟场所，而媒体的传播文本则起到引起大众关注、凝聚社会共识、引导舆论的作用（虚拟信息环境），倘若虚实结合，则能进一步强化对该走廊的宣介效果。在西部文化产业未来的发展中，新闻传播业界可以着力在各种传播渠道与方式的整合联动中创新传播内容、优化传播形式，以期达到传播的协同创新效应。

目前西部地区新闻传播学界与教育界作为协同创新主体，可以与本地或其他省份的媒体、文化传播实体之间展开更广泛、更多层次的联动协作，让行政区划的壁垒得以消解（可以展开跨省份的合作），在更大程度上释放各种创新要素与创新主体的活力。

在未来的发展中，新闻传播学界、教育界与业界之间的互动应该进一步增强，新闻传播学界对新闻媒体如何提升相关内容生产、改进信息传播渠道与形式、舆情分析等方面可以提供更多的理论支持，而新闻传播业界可以与新闻传播学界、教育界展开更多的产学研合作。这既需要新闻传播子系统之间提高主观能动性，又需要官方的行政引导与专门政策支持。

西部地区的新闻传播教育界可以与各层级的新闻传播（以及其他相关学科）学界开展协同合作，学界专门针对西部文化产业传播情况的研究新进展、新动态和新成果可以与教育界共享，促进教育界相关培训、培养教材的更新换代；反之，新闻传播教育界在展开"产－学－研－用"过程中发现的新情况也可以与学界分享，共同研发，实现优势互补。在西部文化产业未来的发展中，新闻传播（包括相近相邻学科）教育界与学界可以更积极地开展协同创新合作。

在西部文化产业未来的发展中，如要实现新闻传播各个子系统之间良好的协同创新传播效果，就必须要有官方的大力支持，协同创新强调官方在产学研合作中所起的关键作用，也就是国家层面的制度安排和政策引导，避免了子系统群体的非理性导致的整个创新系统的非理性，以实现创新体系整体的利益最大化。[①]

协同创新的关键是"形成以大学、企业、研究机构为核心要素，以政府、金融机构、中介组织、创新平台、非营利性组织等为辅助要素的多元主体协同互动的网络创新模式，通过知识创造主体和技术创新主体间的深入合作和资源整合，产生'1+1+1>3'的非线性效用"。[②]

新闻传播"三界"作为一个整体，即作为一个总系统，其三个子系统所代表的多元主体若要通过协同互动进行网状结构的创新，其中离不开国家和各级政府部门层面的制度安排和政策引导。

国家各部委和地方职能部门（例如文化部和各省文旅厅）可以通过政策引导、协同创新平台的搭建、绩效激励机制的出台等措施对西部文化产业的新闻传播资源进行优化配置，充分调动新闻传播业界、学界、教育界的整合协作，让业界常态化地为学

---

① 陈劲.协同创新[M].杭州：浙江大学出版社，2012.
② 同上.

界提供理论研究素材、与教育界搭建实习实训基地；而让学界常态化地为业界提供智力支持，为教育界提供相关的最新研究成果（使得其转化为教学培训资源）；而教育界常态化地为业界、为西部地区的文化产业培养输送相关人才，又能将相关教学实践活动转化为教学研究与科学研究成果。

官方通过提供制度安排和政策引导，能够让这样的良性互动循环反复地进行下去，新闻传播"三界"不断进行整合互动，逐渐形成具有完整创新功能的"政－产－学－研－用"链条，从而最大效果地实现"三界"的互利共赢，进而对西部文化产业的发展产生最优化的协同创新传播效果。

第二节 协同创新的成功案例

以下是新闻传播界进行协同创新比较成功的两个案例，尽管有的案例并不局限于西部地区的文化产业，有的案例中创新主体并非新闻传播学界的研究人员，但这些案例都能给新闻传播界如何支持西部文化产业发展提供有益的参考。

首先，西部地区的新闻传播业界与教育界可以跨省市联动展开协同合作，成立实习基地进行长期的协同合作或者举办某类短期研学实践活动（短期的协同合作）。新闻传播是实践性非常强的专业，因而应该考虑开门办学，让学生在媒体实习基地或短期研学实践中延伸课本知识与培养创新能力，这对于为西部文化产业培养新闻传播与文化创意人才是有积极意义的。

其次，新闻传播教育界可以与西部地区各级政府机构开展合作，由政府机构牵线搭桥，调动其他创新主体（比如西部文化产业走廊区域的诸多企业）一起参与对传媒专业学生的培养（甚至是订单式培养），为传统的新闻传播课堂注入更多创新元素和活力，与力量单一资金有限的一些高等院校持续展开协同合作，一起培养西部文化产业走廊发展所需要的创新人才。

最后，新闻传播教育界可以跨省、跨行业地展开与其他省市高校、某些文化企事业单位（例如非遗传承基地、博物馆、爱国教育基地等）的合作，让不同省份的人文地理知识、经济发展态势、不同行业的从业理念与规则、不同高校的办学特色等有机组合起来，充分利用这些差异化极大的社会资源。差异化带来的正是对同质化思维的有效突破，而打破常规、兼容并蓄、跨界融合正是培养优秀文化创意人才的有效途径。

一、案例一:"网红县长"如何助力安化黑茶产业化[①]

1. 情况简介

安化县地处武陵山片区,山多田少,既是国家扶贫开发重点县,也是"中国黑茶之乡"。安化县茶园面积达 36 万亩,茶叶行业年税收额达 2 亿多元,从业人员 36 万人。在 15 万建档立卡贫困户中,有 9.6 万人靠茶产业脱贫。一片茶叶,寄托着当地人脱贫致富的希望。

获得"全国扶贫先进个人"称号的陈灿平是西南民族大学研究员、科技处副处长,经济学博士。2017 年 6 月被派驻到湖南省益阳市安化县,挂职任县委常委、副县长。他由于对扶贫工作尽心尽力而被当地群众挽留,地方县委、县政府向上级申请,使他从挂职一年延续至三年。2020 年疫情伊始,安化黑茶传统的销售方式受阻,茶叶卖不出,茶农出现返贫的风险。陈灿平决定利用抖音平台直播带货,副县长带货,一则是可以让消费者放心,再则是直播带货可以减少中间商,也可降低茶叶的价格,让消费者买到物美价廉的黑茶。他通过抖音号"陈县长说安化"帮助茶企、茶农销售茶叶,半年内做了 300 多场直播,包括安化黑茶在内的带货总销售额超过 1500 万元,累计帮助近千人脱贫,也帮助因欠银行贷款逾期未还的双龙溪茶业还贷 100 余万元,帮助受疫情影

---

① 综合参考相关网络资料后归纳主要事迹。

响的南金乡白岩山茶业直播带货30多万元，使白岩山茶业偿还了部分茶农鲜叶的收购欠款。

作为安化县原副县长，陈灿平在抖音上拥有41万名粉丝，曾位列抖音实名认证的县长之首，是名副其实的"网红县长"。

当他回到西南民族大学担任经济学院院长后，每周仍会开一两次直播，一次播几个小时，继续帮助安化黑茶扩大影响和销量。

2. 深度访谈

笔者考虑到陈灿平老师的多重身份（经济学者、挂职副县长、高校教师）以及他直播带货、帮助安化黑茶成为当地特色产业的事迹，于2022年3月26日对他进行了一次深度访谈，以下是访谈内容。

笔者：陈老师，已经有很多媒体采访过您。而我想请您围绕特色文化产业脱贫的主题来谈谈当年的挂职扶贫经历。

陈灿平：很多情况媒体都报道过了，我也不想多说。我认为高校教师应该多到基层农村去走走，纯粹在书斋中，知识老化，地方形势也不清楚，就没法学以致用，而且教给学生的也是过时的东西。我到县里去挂职，发现地方干部的政策水平比我们一般的高校教师高出一大截，因为他们必须既了解国家政策又熟知实际情况，吃透两头，而我们很多高校教师只从书本到书本，对基本国情民情知道得很少，从书本到书本哪能有源头活水？更别说能当智库了。

目前我刚辞去经济学院院长职务，想安心做些实事，包括把安化黑茶的直播一直做下去，因为这样能让更多人知道安化黑茶，就能更有效地帮助当地老百姓脱贫。另外，想围绕县域经济和产业智库建设做些事，因为在乡村振兴大背景下，现在每个县都在打造自己的特色产业，作为经济学人，我们自然要为他们发展特色产业提供智力支持。但是我也经常告诉学生们，经济学如果离社会很远，纯粹从纸到纸、从电脑到电脑，不见得能够学以致用，必须多到田间地头去走走看看，多到实践中去思考、应用知识。

新闻传播学院更应该结合新媒体的热点展开教学与实践活动，不然教学与实际情况就会脱离得更多。当前的新媒体时代，要善于利用新媒体帮助农民脱贫。在西部文化产业发展中，新闻传播学院的师生们也应该经常去基层多方开展调研，然后针对性地帮助人家制定传播方案和发展方案，学以致用。

3. 学理分析

陈灿平老师促进安化黑茶成为县域经济的支柱产业，凭借的就是"政－产－学－研－用"多种渠道的协同，他身兼数职，既是高校教师、研究员，又是挂职扶贫干部，还利用新媒体传播渠道成为"网红"——利用抖音平台的短视频进行电商直播，从而帮助安化黑茶提高在全国的知名度。此外，他还研究了新媒体的传播规律，在抖音平台上与其他网红联动，持续扩大安化黑茶的影响力，使得这种网络的影响力与知名度直接变现，带动县域经济发展和当地茶农的脱贫致富。

其带给西部文化产业发展的启发就是：新闻传播"三界"应该协同"政－产－学－研－用"多种渠道达成最优化的协同传播效应，从而助推西部地区的特色文化产业发展。

二、案例二：公司与高校新闻专业的产学研合作

1. 情况简介

北京云知科技有限公司（以下简称云知科技）主打新媒体运营、短视频和直播带货等业务，与全国的新闻媒体、各类网站、地方高校都有合作。2022年3月22日，笔者专门对该企业的负责人之一王先生进行了电话访谈，请他讲述了一个本公司与高校新闻专业开展产学研合作的典型案例。

2018年秋季，云知科技与福建省属公办高校莆田学院的新闻系开展实践实训合作，由公司的新媒体运营团队派人去给该系学生开展新媒体培训，对大学一年级同学进行零基础培训，从单一的新媒体运营到网络舆情分析逐一进行教授，老师每天带学生进行当下新媒体运营实操的案例分析，一学期下来积累的案例资料形成了一个成熟的案例库，其中的素材目前已经由培训老师写成了系列教材。

在教学培训中，公司新媒体团队的实训教师明确告诉学生：新媒体运营要想做出高品质的长线产品，就必须坚持正确的导向，坚持原创内容的策划，要明白从零培养粉丝至少需要18个月的时间（因为影响力周期就需要这么长）。因为实训课程接地气，很实

用，因而大受学生欢迎，经常有其他专业的学生来旁听。

公司新媒体团队与北京老字号清远斋合作，由这批大一的学生一边学习新媒体运营实操，一边给清远斋的酸梅汤进行直播带货，结果酸梅汤销量大增，为此，清远斋给该系花费20万元修建了两个大直播间专供学生进行直播带货练习。

2. 学理分析

该案例是新闻业界与教育界成功协同的案例，企业新媒体运营团队的老师们直接带动高校新闻系大学生将显性知识与隐性知识循环地进行转化与重构并产生了经济效益，而且将自己团队运营的经验知识成功进行了学术知识的转化——推出系列教材，进一步重构了新媒体领域的显性知识，丰富了该领域的教研成果与图书资料。

第三节　本章小结

在西部文化产业的发展中，新闻传播界作为一个整体——传播的总系统，其协同创新传播的战略过程若想实现良好的效果，就必须由国家以及各级政府部门的政策扶持、行政引导来牵头并提供长效保障机制（日后最好还会有法律层面的规范与制约），各个传播子系统以及子系统内部的各种创新主体积极发挥主观能动性，这样才能促成新闻传播界相互的资源整合、多层次多能级的协同创新。对此，本章的两个案例分别从"政－产－学－研－用"、某些传播子系统中创新主体发挥主观能动性的角度加以例证。

第八章

问题与展望

Research on the synergistic innovation effect of news communication on western cultural industry

本书旨在探寻新闻传播学界、教育界、业界对西部文化产业发展所起到的协同创新传播作用。

一、未来展望

对于西部文化产业的发展，新闻传播学界将来需要多层次、跨地域地开展相关的协同创新研究，形成合力——对该区域文化产业的整体发展形成稳定、持续、系统的产学研协同力量，而国家以及地方各级政府部门也应该提供相应的支持。

西部地区的各新闻传播院系或专业（也包括相邻专业）可以围绕"政－产－学－研－用"开展很多有益的尝试，从而为西部少数文化产业的发展积累一定的成功创意案例，更重要的是要为西部地区培养储备一批未来的泛新闻传播人才、文化创意人才以及传播实体的经营管理人才。这些新闻传播院系、专业目前尚需加大"开门办学"的力度，多方开辟"政－产－学－研－用"的途径；在学科设置上还需要有跨界融合的思路，使培养的学生眼界更开阔、实践操作能力更强、职业适配性更广泛——要为西部地区的新闻从业人员及其后备军（该专业高校、高职类学生）提供跨界转型为文化创意、营销人才的各种可能和渠道。目前，每年地方高校毕业生严峻的就业形势其实也在倒逼新闻传播教育界自身的改革。

新闻传播业界分为核心层、关联层、外围层，核心层是新闻媒体，即新闻传播的第一方阵；关联层是副刊、影视（影像）等，属于新闻传播的第二方阵；外围层是该走廊区域内的各种文化传播实体，属于新闻传播的后方阵营。其核心层和关联层的协同创新传播作用体现在有效整合彼此的优势，不断创新新闻传播作品的内容与形式，以更好地反映西部文化产业的发展变动情况；外围层的协同创新传播作用体现在如何与新闻传播的核心层、关联层联动，将受众的体验与文化产业的价值增值相结合，增强该区域特色文化资源开发与传播的效果。

未来，新闻传播业界对西部文化产业发展的支持作用应该体现在整合各种传播渠道、创新传播内容与形式、达到传播的协同创新效应方面。为此，笔者提出以下设想和展望：为跨界跨区域联合保护、开发、传承该区域文化资源搭建交流传播平台和舞台；为传统文化资源的大众沉浸式体验提供可能（新媒体技术、虚拟环境）；为文旅融合提供资讯、私人订购订制的易得性和便利性（微信公众号、微博的传播、晒图、分享、话题等，以及各种 App 的订购下单、短视频与微商、电商直播相结合等）；该走廊区域的媒体和文化传播实体本身就是文化产业的有机组成部分，媒体本身就可以利用自己得天独厚的信息资源和沟通便捷条件去开拓多元文化产业业态与形式，例如四川日报报业集团旗下就拥有自己的文化传播公司。

二、西部文化产业发展存在的某些问题

笔者曾多次去西部若干省市地区实地调研考察文化产业，在调研中也发现了若干问题。

（1）门票经济依然存在。例如，四川省凉山州西昌市内的邛海生态公园门票很贵，以一家三口购买门票的价格计算，需要近300元，还不包括景区里的其他消费。

（2）去景区交通不便。例如，贵州省毕节市区与其著名景点之间（毕节城市与景区相隔过远，缺乏定时定量的交通便利条件）、从四川省绵阳市区到当地的方特园区等都缺乏便利的交通工具，租车很贵且可能存在宰客情况。

（3）缺乏民族文化的灵魂。例如，调研者曾于疫情发生前的暑期去四川阿坝州古尔沟景区，看到景区连片的酒店都门庭冷落，大部分酒店入住率比较低；当地的餐饮业也未形成特点，只有一些川菜馆和火锅店。如果没有特色民族歌舞和其他文化形式（比如演艺、特色剧目）的话，当地整个旅游业就会缺乏灵魂，好山好水需要文化做底色，不然会很空洞。

（4）文化产业园区需要充分开发利用。例如，调研组利用周末时间去四川省夹江文化产业园考察时，发现园区很荒凉，商家

入住率不高，游客很零散，处于半开发状态。

（5）服务行业亟待改进服务质量。例如，调研组去陕西省宁强县、凤县考察时，发现当地的餐饮业、酒店服务态度都比较生硬，缺乏为远道客人着想的措施（例如饭馆不会主动提供茶水）。再如，笔者于2020年"十一"期间去西安入住一家有名的经济型连锁酒店，除了价格比平时大幅度升高外，服务并未跟上，房间里电视机是坏的（临时让人来修理），水龙头只能出冷水。

针对上述存在的问题，研究者们希望在"十四五"时期，西部文化产业的发展会逐渐完善、成熟，新的文化产业园区和景区的开发、管理能够逐渐规范起来，文旅融合中的文化底色能够亮丽起来，酒店餐饮行业的服务质量能够有很好的提升。

三、本研究面临的困难与不足

第一，笔者和调研团队成员们在与西部地区的某些高校联系想去进行专题调研时常被"很忙""疫情期间不方便"等原因拒绝，在与某些省份文旅厅联系时则遇到"不方便透露""不了解情况"或"不知道是何人负责这一块"等诸如此类的回绝。笔者感到，如果没有来自各级政府层面的支持，普通的科研工作者往往又缺乏强大的"人情网络"，恐怕一些实地调研难以实现。而这些情况也恰恰说明：在新闻传播学界的协同创新传播中，如果没有政府层面的支持与牵线搭桥，则新闻传播学界对西部文化产业的协同创新作用就很难充分发挥。

　　第二，在调研中，研究者经常容易被其他学科的知识"带偏"，长时间没有聚焦在新闻传播界本身对西部文化产业发展所起的作用上，这导致研究走了很多弯路，后续的研究需要立足新闻传播领域进行追踪调查与深耕。

参考文献

［1］胡鸿保．中国人类学史［M］．北京：中国人民大学出版社，2006．

［2］鲍尔，斯科特．文化产业与文化生产［M］．夏申，赵咏，译．上海：上海财经大学出版社，2016．

［3］斯巴克斯．全球化、社会化发展与大众媒体［M］．刘舸，常怡如，译．北京：社会科学文献出版社，2009．

［4］伯格．媒介分析技巧［M］．3版．李德刚，何玉，董洁，等译．北京：清华大学出版社，2011．

［5］翁昌寿．文化创业：移动互联网时代的文化生产与创新［M］．北京：中国人民大学出版社，2020．

［6］霍斯金斯，迈克尔蒂耶，费恩．全球电视和电影：产业经济学导论［M］．刘丰海，张慧宇，译．北京：新华出版社，2004．

［7］张国良．电视创意产业（创意产业研究系列）［M］．上

海：东方出版中心，2009.

［8］张慧姝．增强现实技术在文化创意产业中的应用［M］．北京：电子工业出版社，2018.

［9］彭增军．媒介内容分析法［M］．北京：中国人民大学出版社，2012.

［10］伯杰．媒介研究技巧［M］．张晶，易正林，译．北京：中国人民大学出版社，2009.

［11］瑟韦斯，等．发展传播学［M］．张凌，译．武汉：武汉大学出版社，2014.

［12］王锡苓，孙莉，祖豪．发展传播学研究的"赋权"理论探析［J］．今传媒，2012（4）：14-17.

［13］韩鸿．参与式影像与参与式传播——发展传播视野中的中国参与式影像研究［J］．新闻大学，2007（4）：74-78.

［14］韩鸿．参与式传播：发展传播学的范式转换及其中国价值——一种基于媒介传播偏向的研究［J］．新闻与传播研究，2010（1）：40-49.

［15］汤江青．中国发展传播学研究综述［J］．质量探索，2016（3）：108-109+107.

［16］刘维．新世纪以来我国发展传播研究综述［D］．昆明：云南大学，2014.

［17］张媛媛．发展传播学视野中的媒介理论变迁研究［J］．新闻传播，2014（8）：29-30.

［18］周汉章.整合营销传播理论研究综述［J］.现代营销（学苑版），2021（09）：47-49.

［19］邵楠，何曙光.中国新闻与传媒领域的整合营销传播研究［J］.科教导刊，2018（34）：27-28.

［20］任耀东.三元乳业整合营销传播策略研究［D］.北京：北京交通大学，2010.

［21］喇明英."岷山道"的历史作用及其当代价值［J］.西南民族大学学报（人文社科版），2017，38（9）：51-55.

［22］陈玮，鄂崇荣.藏羌彝走廊视野下青海文化创意与相关产业融合发展研究［J］.青海师范大学学报（哲学社会科学版），2016，38（5）：16-20.

［23］赵兵，李俊.西部文化产业走廊区域竞争力评价研究［J］.西南民族大学学报（人文社科版），2019，40（8）：137-143.

［24］何翼扬，文兴吾.西部文化产业走廊地区文化科技资源开发研究［J］.中华文化论坛，2015（9）：100-104

［25］李炎.国家、地方诉求与产业发展规律：西部文化产业走廊的学理思考［J］.深圳大学学报（人文社会科学版），2019，36（1）：57-67.

［26］郭利芳，陈顺强.四川"藏羌彝走廊"文化旅游融合发展研究［J］.中国集体经济，2014（18）：147-148.

［27］刘波.试论四川藏羌民俗旅游开发及其保护［J］.阿坝

师范高等专科学校学报，2008（2）：12-15.

［28］王伟杰.藏羌彝走廊视阈下贵州美食产业创新发展研究［J］.美食研究，2017，34（4）：38-41.

［29］李万斌.阿坝藏羌民俗文化考察与开发对策研究［J］.西华师范大学学报（哲学社会科学版），2005（3）：39-44.

［30］范建华，黄小刚.从雪域高原到热带雨林——藏羌彝文化旅游带建设的思考［J］.华中师范大学学报（人文社会科学版），2019，58（1）：78-88.

［31］李昊原.藏羌彝文化产业融入"一带一路"发展的思路［J］.党政研究，2016（2）：43-46.

［32］陈井安，翟琨.西部文化产业走廊融入"一带一路"建设的战略分析［J］.青海社会科学，2016（5）：46-50.

［33］周兴维，蔡晓萍.发展"藏羌文化产业"的理路与策略［J］.民族学刊，2012，3（6）：75-78+101.

［34］张海峰.藏羌走廊：民间文化传承与区域经济发展［J］.经济师，2015（1）：191-192.

［35］李北东，连玉銮.藏羌碉房：华夏文明传承的特别载体［J］.西南民族大学学报（人文社科版），2007（10）：52-55.

［36］单莉莉，李莎.四川藏羌彝非物质文化遗产协同创新模式研究［J］.国土资源科技管理，2017，34（6）：54-61.

［37］陈格，芮田生.基于全域旅游的四川省藏羌彝走廊文化遗产开发策略研究［J］.中华文化论坛，2018（9）：145-151.

［38］王俊.西部文化产业走廊民族特色小镇文化保护传承与开发研究［J］.贵州民族研究，2020，41（9）：41-47.

［39］杨福泉.略论藏羌彝文化走廊少数民族传统村落文化的保护传承与发展［J］.贵州民族研究，2020，41（9）：31-40.

［40］王世琴.乡村振兴战略下藏羌剪纸艺术的传承与创新思考——以阿坝师范学院为例［J］.赤峰学院学报（汉文哲学社会科学版），2019，40（8）：95-99.

［41］肖远平，王伟杰.藏羌彝走廊非遗传承保护研究——以贵州传统技艺为例［J］.北方民族大学学报（哲学社会科学版），2017（1）：62-66.

［42］杜卓倩.公共图书馆少数民族特色文化资源建设——以四川省图书馆"藏羌彝文化带专题"为例［J］.四川图书馆学报，2017（1）：63-66.

［43］拉珍.主流媒体上西藏媒介镜像的建构表征与话语优化［D］.西安：陕西师范大学，2017.

［44］张媛.再现少数民族：官方媒体中的少数民族形象建构——基于《人民日报》30年少数民族报道的分析（1979—2010）［J］.北方民族大学学报，2013（6）：117-122.

［45］赵欢欢，朱颖华.对五省少数民族族群报道的框架分析——以《人民日报》《甘肃日报》《中国民族报》为例［J］.新闻世界，2012（7）：209-210.

［46］周春霞，李倩.扶贫政策变迁下中国扶贫报道分析——

以《人民日报》1980—2017年扶贫报道为例［J］.新闻研究导刊，2020，11（5）：15-17.

［47］宛然.《人民日报》的凉山彝族地区扶贫报道研究［D］.成都：西南民族大学，2020.